8° Q 816

AF362688

CATALOGUE

DE LA

BIBLIOTHÈQUE

DE

SAINT-PHILIPPE-DU-ROULE

PARIS-AUTEUIL

IMPRIMERIE DES APPRENTIS-ORPHELINS. ROUSSEL

40, RUE LA FONTAINE.

1884

CATALOGUE

DE LA

BIBLIOTHÈQUE

DE

SAINT-PHILIPPE-DU-ROULE

— ❖ —

PARIS-AUTEUIL

IMPRIMERIE DES APPRENTIS-ORPHELINS. ROUSSEL

40, RUE LA FONTAINE.

—

1884

AVIS ET RECOMMANDATIONS

La bibliothèque est dans la salle qui se trouve au-dessus de la sacristie de l'Eglise. L'entrée est par la porte du passage Saint-Philippe.

La bibliothèque est ouverte *tous les dimanches, de une heure et demie à deux heures et demie.*

———

Les lecteurs paient une cotisation, ou sont admis gratuitement sur leur demande.

La cotisation est fixée à dix francs par an, ou six francs pour six mois, ou trois francs pour deux mois, ou un franc cinquante par mois.

Un tronc placé à la porte de la bibliothèque est destiné à recevoir les dons volontaires.

Les souscripteurs ont droit à trois volumes à la fois ; les autres lecteurs à deux seulement.

Les livres prêtés doivent être *rendus ou représentés à la fin du mois,* sauf prolongation.

Chaque lecteur reçoit une carte d'inscription *qu'il doit présenter toutes les fois qu'il rend ou demande des livres,* pour permettre de retrouver son ordre d'inscription.

———

On reçoit avec reconnaissance des dons en argent.

L'œuvre de la bibliothèque donne droit à de nombreuses indulgences.

INDULGENCES

INDULGENCES PLÉNIÈRES

1° Le jour de l'entrée dans l'Association ;

2° A l'article de la mort ;

3° Le deuxième vendredi de chaque mois ;

4° Aux fêtes de saint Chrysostôme, de saint Mathias, de l'Annonciation, de saint Philippe et saint Jacques, de saint Athnase, de saint Pierre et de saint Paul, de saint Jacques, de saint Barthélemy, de saint Mathieu, de saint Simon, de saint Jude, de saint André, de saint Ambroise, de saint Augustin, de saint Thomas et de saint Jean l'évangéliste.

INDULGENCES PARTIELLES

1° Sept ans et sept quarantaines, le second vendredi de chaque mois, si on assiste à la sainte messe, les jours de saint Hilaire, docteur, de saint Thomas d'Aquin, de saint Grégoire, pape et docteur, de saint Isidore, de saint Léon, de saint Anselme, de saint Grégoire de Nazianze, de saint Basile, de saint Amand, de saint Paulin, de saint Bonaventure, de saint Bernard, de saint Jérôme, de saint Seurin, de saint Pierre Chrysologue et de saint Delphin.

2° Trois cents jours, chaque fois que l'on favorise l'accroissement de l'œuvre.

3° Soixante jours, pour toute œuvre de piété ou de charité.

CATALOGUE

A

Abd-el-Kader au château d'Amboise, par Mgr
Dupuch. 1 vol...................................... B. 5. 40
Abd-el-Kader, ou coup d'œil général sur l'Al-
gérie, 1 vol.. B. 5. 29
L'**Abîme**, par Judith de la Comédie française, 1 vol. F. 3. 48
Abus de la liberté de la presse, 1 vol......... C. 4. 11
**Abrégé de la pratique de la perfection chré-
tienne**, par le P. Rodriguez, 1 vol............ E. 11. 11
Abrégé de l'histoire de France, 2 vol......... A. 8. 13
Abrégé de l'histoire ancienne, 1 vol......... A. 6. 3
Abrégé de l'histoire romaine, 1 vol.......... A. 6. 2
Abrégé de l'histoire des croisades, 1 vol..... A. 9. 16
Abrégé de l'histoire sainte, 1 vol............ A. 13. 16
Abrégé de l'histoire universelle, par Anquetil,
1 vol... A. 6. 5
Abrégé des vies des pères et des martyrs, par
Godescard, 4 vol................................. B. 9. 2
Abrégé de tous les voyages autour du monde,
1 vol... F. 4. 36
**Actes de la captivité et de la mort des P. Jé-
suites sous la Commune**, par P. de Pontlevoy H. 1. 66
Adalbert, ou l'Anarchiste chrétien, 1 vol..... G. 2. 41
Adélaïde Capece Minutolo, par Mme Craven,
1 vol... D. 5. 26
Adelaïde de Wisbury, 1 vol.................... B. 8. 15
Adhémar de Belcastel, 1 vol.................. G. 6. 33
Adolphe et Mélanie, par l'abbé Auber, 1 vol... G. 2. 4

— 6 —

Adresse pour procurer le salut des âmes, par Abelly, 1 vol	E.	3.	6
Agar et Ismaël, par Dechauvricourt, 1 vol	G.	5.	21
Agnès l'aveugle. Une religieuse congréganiste du Sacré-Cœur, 1 vol	B.	4	35
Agnès de Laurens, et Mémoires de sœur Saint-Louis, par L. Veuillot, 2 vol	G.	4.	5
Agnès, ou la Petite Joueuse de luth, par Friedel, 1 vol	G.	2.	34
Aigle et Colombe, par Mlle Z. Fleuriot, 1 vol	F.	3.	3
Aimable Jésus, par P. Brignon, 1 vol	E.	9.	23
A la maison, par X. Marmier, 1 vol	I.	6.	47
Albertine, ou connaissance de Jésus-Christ, par Friedel, 1 vol	G.	2.	14
Alfred et Casimir, scènes de famille, 2 vol	G.	4.	2
Alger et les Côtes d'Afrique, par de Fontaine de Resberg, 1 vol	I.	3.	4
L'Algérie chrétienne, par Egron, 1 vol	F.	4.	18
Alice, ou la Jeune Sœur mère de famille, par Mme Delafaye, 1 vol	G.	4.	24
Aline et Marie, ou les Jeunes Parisiennes en Suisse, 1 vol	G.	4.	34
Alix, par Zénaïde Fleuriot, 2 vol	F.	3.	13
Alphonse de Mirecourt, par d'Exauviller, 1 vol.	I.	5.	10
Alphonse et Philippe, par Mlle Brun, 1 vol	G.	2.	20
Alton Park, 2 vol	H.	3.	6
L'Allumeur de réverbères, par miss Cummins, 1 vol	I.	6.	22
L'Amant de Jésus-Christ, 1 vol	E.	1.	19
Ambition et simplicité, par Mme Farrenc, 1 vol.	H.	5.	25
Ambroise, ou Triomphe de la foi sur l'incrédulité, par Peigné, 1 vol	G.	5.	20
L'Ame affermie dans la foi, 1 vol	E.	6.	4
L'Ame contemplant les grandeurs de Dieu, 1 vol	E.	6.	3
L'Ame contemplant les grandeurs de Dieu, 1 vol	E.	7.	21
L'Ame dévote à la Sainte Eucharistie, par P. Pigani, 1 vol	E.	9.	22
L'Ame élevée à Dieu, 1 vol	E.	6.	1
L'Ame embrasée de l'amour divin, 1 vol	E.	6.	8

L'Ame. Entretiens de famille sur son existence, 1 vol.	C.	5.	18
L'Ame fidèle, 1 vol.	E.	6.	2
L'Ame intérieure, 1 vol.	E.	6.	5
L'Ame religieuse élevée à la perfection, 1 vol	E.	6.	6
L'Ame réparatrice dans la voie du calvaire 1 vol.	E.	2.	2
L'Ame sanctifiée, 1 vol.	E.	6.	7
L'Ame sur le Calvaire, 1 vol.	E.	6.	9
L'Ame unie à Jésus-Christ dans le Très Saint Sacrement, par la C^{sse} de Carcado, 2 vol.	E.	9.	3
Amélie, 1 vol.	G.	6.	17
Amérique du Sud (Enfants du Capitaine Grant), par Jules Verne, 1 vol.	A.	4.	3
L'Ami de Jésus-Christ, par l'abbé Aubert, 1 vol.	E.	9.	16
Les **Amies de pension**, 1 vol.	H.	6.	21
L'Ami de la religion, 1814-1857 (non complet).	A.	14.	1
L'Ami des enfants, par Berquin, 1 vol.	H.	1.	6
L'Amitié chrétienne, par Mme de Sainte-Marie, 1 vol.	G.	3.	16
L'Ami zélé des pêcheurs, 1 vol.	E.	10.	12
L'Amour des âmes, par saint Liguori.	E.	1.	10
Amour des âmes, par l'abbé Marguet, 1 vol.	I.	4.	7
L'Amour divin, par P. Huby, 1 vol.	E.	1.	30
Amour envers Jésus-Christ, par Saint Liguory, 1 vol.	H.	14.	23
Ancien et Nouveau Testament, 1 vol.	A.	3.	3
L'Ancien Régime, par Taine, 1 vol.	H.	1.	56
Andréas, ou le Prêtre soldat, par Devoille, 1 vol.	G.	6.	12
André, ou Bonheur dans la piété, par Mme Farrène, 1 vol.	G.	3.	5
Anecdotes chrétiennes, 1 vol.	A.	5.	6
Anecdotes chrétiennes, 2 vol.	A.	5.	11
L'Ange conducteur dans la dévotion chrétienne, 1 vol.	E.	1.	9
L'Ange consolateur, 1 vol.	I.	4.	16
L'Ange gardien, 1852 à 1858, 13 vol.	H.	3.	2
L'Ange gardien de la jeune ouvrière, 1 vol.	E.	7.	16
Angéline de Mazili, 1 vol.	G.	2.	5
Les **Anges de la terre**, 1 vol.	E.	5.	7

Un **Ange** sur la terre, 1 vol.................... B.   8.   34
Annales de la propagation de la Foi depuis
   1822, 30 vol............................... A.   11.   1
Annales de la Sainte-Enfance, 6 vol.......... A.   10.   19
Les **Annales** du bien, 1 vol.................... H.   3.   3
Annales du moyen âge, 6 vol................. A.   8.   4
L'**Année** apostolique, 2 vol.................... E.   3.   3
L'**Année** du chrétien (temps de Noël), par Le
   Tourneur, 1 vol........................... E.   3.   2
L'**Année** pastorale, ou **Prônes nouveaux**, par
   l'abbé Reyre, 5 vol........................ E.   12.   2
Annette, ou l'**Enfant de la charité**, 1 vol...... G.   5.   35
Annette, ou l'**Epouse chrétienne**, 1 vol....... G.   2.   15
Aux **Antilles**, par Maignan, 1 vol............. H.   1.   59
Anquités nationales, par Boutteville, 1 vol.... A.   8.   12
Antoine et Joseph, ou les Deux Educations,
   par Mme Farrence, 1 vol................... G.   4.   20
Antoine, ou le Retour au village, 1 vol....... G.   7.   6
Antoine, ou le bon Père de famille, 1 vol..... G.   2.   40
Appel à la raison sur la vérité religieuse, par
   Barthe, 2 vol.............................. D.   13.   10
Appel aux vivants en faveur des morts, par
   Lassalle, 1 vol............................ E.   7.   9
Appel d'un prêtre catholique contre l'appel
   d'un pasteur, par l'abbé Maupoint, 1 vol..... D.   8.   4
Apologétique, par Tertullien, 1 vol........... C.   12.   12
Apologie de la religion chrétienne, par Ber-
   gier, 1 vol............................... D.   12.   10
Arbre de Noël, par X. Marmier, 1 vol......... C.   7.   26
Arche du peuple, par Platon Polichinelle, 1 vol. D.   3.   1
Aristide et Italie ou les vertus filiales, 1 vol. G.   4.   40
L'**Armée** française, sa mission et son histoire,
   1 vol..................................... A.   9.   13
Armelle Trahec, par Zenaïde Fleuriot, 1 vol... F.   5.   1
L'**Art** de se tranquilliser, par de Sarasa, 1 vol. E.   5.   11
L'**Art** de traiter avec Dieu, par P. Rogacci,
   1 vol..................................... E.   2.   3
L'**Asie**, d'après les voyageurs les plus célèbres,
   1 vol..................................... F.   4.   9
L'**Auberge** de la Mort, par de la Mothe, 1 vol. H.   1.   31
Au coin du feu, par Em. Souvestre, 1 vol..... I.   6.   34

Auguustin Cochin, par de Falloux, 1 vol...... B. 1. 77
Aurélie ou le monde et la piété, par d'Exau-
villez.. G. 5. 18
Aurélien, par H. Conscience, 2 vol............ I. 6. 25
Australie, (ou enfants du capitaine Grant) par
Jules Verne, 1 vol.......................... A. 4. 3
L'**Automne**, par Mlle Brun, 1 vol.............. H. 1. 3
Autour de la Lune, par Jules Verne, 1 vol.... A. 4. 7
Aventures au pôle Nord, par Jules Verne, 1 vol. D. 4. 34
Aventures de Madure, par de la Landelle, 1 vol. H. 1. 81
Aventures d'émigrants en Amérique, par
Gerstacker, 1 vol............................ D. 4. 31
**Aventures de Carvez dans l'Amérique septen-
trionale**, 1 vol............................... F. 4. 17
**Aventures de trois Russes et de trois An-
glais**, par Jules Verne, 1 vol................ A. 4. 4
Aventures d'un officier américain, par Meyne
Reid, 1 vol.................................. H. 1. 41
Aventures d'un gentilhomme, par J. de la Lan-
delle.. H. 3. 15
Les **Aventures d'un rural**, 1 vol.............. F. 5. 2
**Avertissements de la providence dans les ca-
lamités publiques**, par Saint Lignori, 1 vol.. E. 2. 19
**Avis amical aux protestants qui font de la
propagande**, par Lamotte, 1 vol.............. D. 8. 24
Les **Avocats des pauvres**, 2 vol.............. C. 7. 18

B

De **Babylone à Jérusalem**, par la comtesse de
Nahn-Nahun, 1 vol.......................... D. 3. 13
Barbe-bleue, par Mlle Raymond, 1 vol........ F. 3. 38
Barnabas, 1 vol.............................. F. 3. 45
La **Barque du pêcheur**, 1 vol................. G. 2. 33
Bastien ou le dévouement filial, par Mme Far-
rene, 1 vol..................................... G. 2. 9
Les **Béatitudes ou la science du bonheur**, par
Mme Fromont, 1 vol.......................... C. 7. 15
Béatrix, par Marie Maréchal, 1 vol.......... F. 3. 32

Le **Beau soir de la vie chrétienne**, par Aubert,
1 vol... D. 4. 10
Beau soir de la vie, par l'abbé Carron, 1 vol... E. 1. 7
Beautés de la marine et des voyages, par La-
coste, 1 vol..................................... F. 4. 21
Beautés des leçons de la nature, 1 vol........ C. 4. 2
Beautés de l'histoire d'Angleterre, d vol..... A. 5. 23
Beautés de l'histoire des Espagnes, 1 vol..... A. 5. 29
Beautés de l'histoire romaine, 1 vol.......... A. 5. 17
Beautés de l'histoire sainte, 1 vol........... A. 13. 9
Beaux exemples, 1 vol......................... A. 5. 3
Beaux jours de l'Eglise naissante, 1 vol...... A. 12. 7
La Belle Saison à la campagne, par l'abbé Bau-
tain, 1 vol..................................... C. 7. 8
Benoît Labre, par Aubineau, 1 vol............. B. 4. 3
Bernard et Armand, ou les Ouvriers chrétiens,
1 vol... G. 2. 32
Berthe, ou la Fille du banquier, par Mme Ga-
brielle d'Arvot, 1 vol.......................... B. 4. 42
Bethléem, par Mlle Voiart, 1 vol............. G. 2. 37
Bible de l'Enfance, 1 vol..................... A. 2. 5
Bibliothèque des classes ouvrières, 1 vol..... C. 4. 1
Bibliothèque des villages, par Berquin, 2 vol.. H. 7. 10
Les **Bienfaiteurs de l'humanité**, par Fallet,
1 vol... C. 1. 17
Bienfaits des missionnaires, 1 vol............ A. 3. 4
Bienfaits du catholicisme dans la société, par
l'abbé Pinard, 1 vol........................... D. 13. 16
Biographie des jeunes demoiselles, ou Vies
des femmes célèbres, 4 vol...................... B. 7. 30
Blanche de Savenay, 1 vol..................... G. 4. 27
Blancs et Bleus, par E. Capendu, 1 vol........ H. 1. 28
Le **Bon Ange gardien**, 1 vol.................... E. 3. 35
Le **Bon Curé**, par Exauville, 1 vol............. H. 2. 7
Bonheur des époux chrétiens, 1 vol............ E. 2. 21
Bonjour Philippe, par Snieder, 1 vol.......... C. 6. 31
La **Bonne Mère**, 1 vol.......................... D. 6. 18
La **Bonne Sœur**, 1 vol.......................... H. 5. 28
Le **Bon Paysan**, par d'Exauviller, 1 vol........ H. 2. 6
Les **Bons Exemples**, par Benj. de Lessert, 2 vol. F. 3. 52
Boscowitz, 1 vol.............................. C. 1. 6

Botanique à l'usage de la jeunesse, 1 vol.....	C.	4.	6
Le **Bouclier de la foi,** par l'abbé Maupoint, 1 vol.	D.	9.	10
Le **Bouclier de l'innocence,** 1 vol.....	D.	4.	11
Bougainville, par Bey, 1 vol..................	D.	6.	6
Bouquet de roses, par L. H., 1 vol............	C.	2.	4
La **Bouillie de la comtesse Berthe,** par A. Dumas, 1 vol...............................	I.	6.	33
Le **Bourget,** par Henri Guichard, 1 vol.........	C.	14.	1
Les **Brahamines,** par Lemercier, 1 vol.........	I.	4.	2
Les **Braves gens,** par J. Girardin, 1 vol........	B.	1.	29
Brest et Toulon, par de La Landelle, 1 vol.....	H.	1.	80
Bruno, 1 vol................................	G.	6.	13

C

La **Cabane du pêcheur,** 1 vol..................	G.	3.	24
Le **Cadeau de noces,** par Téram, 1 vol..........	G.	6	24
Çà et là, par Veuillot, 2 vol...................	H.	14.	3
La **Caisse d'épargne,** par Mme de Labaing, 1 vol.	F.	3.	44
Calby, ou les **Massacres de septembre,** 1 vol..	B.	4.	33
Callista, ou Tableau historique du IIIe siècle, par R. P. Newmmann.....................	D.	8.	2
Campagne d'Italie en 1859, par de Bazancourt, 1 vol...................................	H.	1.	95
Un **Capitaine de 15 ans,** par Jules Verne, 1 vol.	A.	4.	18
Le **Capitaine de 15 ans,** par Jules Verne, 1 vol.	C.	1,	18
Capitaine Pamphile, par A. Dumas, 1 vol.....	I.	6.	31
Les **Caprices du pensionnat,** poésies, 1 vol.....	C.	13.	12
Mlle de **Cardonne,** par de Gondrecourt, 1 vol....	H.	1.	85
Caractères de la vraie dévotion, par l'abbé Grou, 1 vol...................................	E.	3.	22
Le **Carême sanctifié,** 1 vol....................	E.	7.	20
La **Caserne et le Presbytère,** par A. de Ségur, 1 vol...................................	H.	6.	23
Catéchisme, par Collot, 1 vol.................	D.	5.	2
Catéchisme des dimanches et fêtes, 1 vol.....	D.	7.	19
Catéchisme de Vannes et Cantiques, 1 vol.....	E.	2.	18
Catéchisme du diocèse de Paris, 1 vol........	D.	2.	2
Catéchisme historique, par l'abbé Fleury, 3 vol.	D.	5.	3

Catéchisme philosophique, par l'abbé Feller, D. 12. 1
Catéchisme pratique, 1 vol.................... D. 5. 4
Catéchisme raisonné, historique et dogma-
    tique, par l'abbé Thérou, 1 vol............... D. 2. 3
Catéchisme spirituel, par P. Surin, 2 vol...... E. 11. 10
Causeries du soir, ou exposition chrétienne,
    par A. de Milly, 1 vol.................. D. 12. 4
Causeries littéraires sur quelques femmes cé-
    lèbres, par Dechamps, 1 vol.................. C. 12. 8
Causserie littéraires et morales, par Nette-
    ment, 1 vol................................. C. 13. 5
Causeries sur le protestantisme, par Mgr de
    Ségur, 1 vol................................ H. 14. 35
Cécile la jeune organiste, par Mlle Benoit,
    1 vol....................................... G. 2. 10
Cécile de Raincy, par Mme de Guermante, 1 vol. G. 4. 36
Cécile de Raincy, par Mme de Guermante 1 vol. G. 6. 36
Du Célibat, 1 vol............................. E. 5. 16
Céline ou l'influence d'un beau caractère, par
    Mme Manceau, 1 vol .... G. 5. 5
Le Cent-unième régiment, par J. Noriac, 1 vol. H. 1. 98
Certitude des preuves du christianisme, par
    Bergier, 1 vol.............................. D. 13. 14
Une Chaîne invisible, 1 vol................... F. 5. 3
La Chaire catholique (Année 1845), 1 vol....... C. 13. 1
La Chambre à la porte de fer, par Nieritz 1 vol. B. 1. 83
Chancellor, par Jules Verne, 1 vol............. A. 4. 16
Chants historiques (extraits des poésies) de Sil-
    vio Pellico, 1 vol.......................... C. 12. 17
Charge pastorale, par l'abbé Duquesnay, 1 vol.. E. 5. 33
Charité mène à Dieu, par Archier, 1 vol....... H. 4. 6
La Charité et la misère de Paris, par l'abbé
    Mullois, 1 vol.............................. G. 6. 17
Charles et Félix ou les deux ateliers, par
    Mlle Brun, 1 vol............................ G. 4. 4
Charles le Téméraire, par W. Scott, 1 vol..... B. 1. 59
Charlotte Champain, par de Jussieu, 1 vol..... D. 6. 10
Les Charmes de l'ermitage par Mlle Brun.
    1 vol....................................... H. 1. 4
Les Charmes de la société du chrétien 1 vol.. H. 6. 3
Le Chat du bord, par E. Capendu, 1 vol....... H. 1. 28

Château de Malpertu, 1 vol....................	I.	5.	4
Château de velours, par P. Féval, 1 vol........	D.	4.	66
Les **Châtelaines du Roussillon**, par E. de la Rochère, 1 vol..............................	I.	6.	44
Le **Château et la Chaumière**, par Mme de Grune, 1 vol...............................	H.	5.	26
Le **Château intérieur**, par sainte Thérèse, 1 vol.	E.	13.	6
Le **Château pauvre**, par P. Féval, 1 vol........	D.	4.	59
Les **Châtelaines de Roussillon**, par Larochère. 1 vol...............................	G.	5.	1
La **Chaumière de Marthe**, par Mme Fallet, 1 vol.	H.	3.	14
La **Chaussée des géants**, par l'abbé Domenech, 1 vol................................	A.	4.	26
Chefs-d'œuvre, par Corneille, 1 vol...........	H.	14.	4
Chefs-d'œuvre d'éloquence chrétienne (Sermons), 2 vol...............................	C.	7.	4
Chefs-d'œuvre de l'éloquence Française, etc, par l'abbé Marcel, 3 vol.....................	C.	13.	2
Chemin de la fortune, par H. Conscience, 1 vol	B.	1.	11
Chemin de la sanctification, 1 vol............	E.	11.	5
Chemin de la vie, par Maryan, 1 vol	A.	4.	27
Le **Chevalier Paul**, par de la Landelle, 1 vol....	H.	1.	79
Le **Chevalier Ténèbre**, par P. Féval, 1 vol.....	B.	4.	31
Chimie minéralogique, par Carlier, 1 vol......	H.	14.	6
Les **Chinois**, par de Chavannes de la Giraudière, 1 vol................................	F.	2.	7
Choix de lectures, par l'abbé Jouvent, 2 vol....	A.	5.	12
Choix de lettres, par saint Bernard, 1 vol.....	C.	12.	6
Choix de lettres édifiantes (**Chine**, **Levant** et **Amérique**), 6 vol............................	A.	11.	2
Choix d'un état de vie, par Rossignol. 1 vol....	E.	5	15
Chouans et Bleus, par Paul Féval, 1 vol.......	B.	4.	25
Le **Chrétien catholique**, par l'abbé Diesbach 1 vol...............................	I.	6.	13
Le **Chrétien consolé**, 1 vol....................	E.	3.	34
Le **Chrétien consolé**, 1 vol....................	I.	4.	12
Le **Chrétien éclairé sur la nature des indulgences**, par P. Maurel, 1 vol.................	H.	14.	17
Le **Chrétien en solitude**, par P. Crasset 1 vol..	E.	5.	20
Le **Chrétien étranger sur la terre**, par Fénélon, 1 vol....................................	C.	10.	5

Le **Chrétien fidèle à sa vocation**, 1 vol........ H. 14. 29
La **Chrétienne de nos jours**, par l'abbé Bautain, 1 vol .... C. 7. 14
Le **Chrétien pourvu d'un règlement de vie**, 1 vol .... E. 8. 26
Le **Chrétien sanctifié par l'Eucharistie**, par l'abbé Henry, 1 vol...................... E. 3. 28
Le **Christ devant le siècle**, par Rosselly de Lorgne, 1 vol............................. D. 13. 12
Le **Christianisme démontré par les traditions catholiques**, par l'abbé Chademède, 2 vol..... D. 11. 5
Le **Christianisme des temps modernes**, par l'abbé Bougaud, 1 vol....................... B. 1. 91
Le **Christianisme et les philosophes**, par Louis Lahure, 1 vol........................... D. 13. 9
Le **Christianisme présenté aux hommes du monde**, par Fénelon, 6 vol................... C. 10. 4
Christine ou la religion dans le malheur, par Mme de Sainte-Marie, 1 vol.............. G. 2. 27
Le **Christ mourant**, 1 vol..................... E. 2. 7
Le **Christ naissant**, par P. Drexcluis, 1 vol..... E. 8. 27
La **Chronique de Godefroy de Bouillon**, par Collin de Plancy, 1 vol................... A. 9. 10
Le **Ciel, la terre et les mers**, par E. Rosary 1 vol................................. C. 1. 16
Les **Cinq cents millions de la Bégum** par Jules Verne, 1 vol........................... A. 4. 23
Cinq semaines en ballon, par Jules Verne, 1 vol................................. A. 4. 5
La **Cité de Dieu**, par Saint-Augustin, 3 vol..... C. 12. 11
La **Civilisation chrétienne chez les Francs**, par Ozanam, 1 vol........................ D. 8. 19
La **Clé du trésor de l'Église, ou les Indulgences expliquées**, par l'abbé Ravic. 1 vol....... D. 5. 11
Clément XIV et les Jésuites, par Cretineau Joly, 1 vol.............................. A, 10. 2
Clémentine ou Suites d'une indiscrétion, par Mlle Boyeldieu, 1 vol.................... G. 6. 18
Clotilde, par l'abbé G., 1 vol.................. C. 2. 3
Clotilde ou nouvelle Civilité, par Mme Tarbé des Sablons, 1 vol........................ G. 6. 3

Clotilde ou triomphe du christianisme, par Mme Falaise, 1 vol............... ....   G.   4.   29

Code de la vie spirituelle, par l'abbé Prompsault, 1 vol...................................   E.   3.   1

Le **Cœur de Jésus,** par P. Dejardins, 1 vol.....   E.   11.   15

Un **Cœur de mère,** par Mlle Z. Fleuriot, 1 vol..   F.   3.   9

Le **Cœur loyal,** par G. Aimard, 1 vol..........   H.   1.   49

Les **Cœurs dévoués,** par Alfred des Essarts, 1 vol   F.   5.   17

Colonie d'émigrants, par Marmier, 1 vol......   B.   1.   65

La **Colonie chrétienne,** par Sabatier de Castres. 1 vol.....................................   H.   4.   2

Combat spirituel, 1 vol......................   E.   1.   31

Combat spirituel, 1 vol......................   E.   2.   23

Cinquième commandement (Homicide point ne seras), etc, 1 vol........................   D.   4.   20

Huitième commandement de Dieu sur le mensonge, 1 vol..............................   D.   4.   19

Commandements de l'Eglise, 1 vol...........   D.   4.   21

Commnteaires d'un soldat, par Paul de Molènes, 1 vol..............................   C.   6.   25

Comment j'ai retrouvé Livingston, par H. Stanley, 1 vol.............................   I.   6.   45

La **Communion, c'est ma vie,** par Hubert Lebon, 1 vol......................................   E.   2.   39

Les **Compagnons de la Croix d'argent,** par Clément Just, 1 vol........................   C.   7.   22

Les **Compagnons du Silence,** par Paul Féval, 1 vol......................................   B.   4.   14

Le **Comte de Valmont** ou Egarements de la la raison, 6 vol. ....   C.   5.   24

Le **Comte de Varfeuil,** par d'Exauviller, 1 vol.,   H.   3.   11

Le **Concile de Trente,** 1 vol...................   D.   2.   11

Conduite d'une dame chrétienne, 1 vol.......   E.   5.   30

Conduite por la confession et la communion, par Saint-François de Paule, 1 vol...........   E.   2.   8

Conduite pour la confession et la communion, par saint François de Sales, 1 vol...........   E.   1.   11

Conduite pour la Pentecôte, par P. Avrillon, 1 vol......................................   E.   7.   ◡

Conduite pour l'Avent, par P. Avrillon, 1 vol.   E.   7.   2

Cnduite pour le Carême, par P. Avrillon, 1 vol   E.   7.   4

Conduite pour le temps pascal, par l'abbé Le-
  tourneur, 1 vol................................ E. 7. 19
Conduite pour sanctifier le jour anniversaire
  du baptême, 1 vol........................... E. 2. 22
Conférences, par le P. Ravignan, 4 vol........ C. 11. 5
Conférences de **Notre-Dame** par Matignon, 1 vol B. 4. 9
Conférences de **Notre-Dame**, par Lacordaire,
  2 vol.. C. 11. 7
Conférences de **Toulouse**, par Lacordaire, 1 vol. C. 11. 8
Conférences et discours inédits, par Mgr de
  Frayssinous, 2 vol........................... D. 11. 4
Conférences sur les cérémonies de la Semaine
  sainte à **Rome**, par Mgr Wiseman, 1 vol..... D. 7. 10
Conférences sur l'oraison dominicale, par Bi-
  zault, 1 vol................................. E. 6. 18
Conférences théologiques sur les grandeurs
  de **Dieu**, par P. d'Argentain, 2 vol.......... D. 12. 7
La **Confession**, 1 vol.......................... B. 4. 12
La **Confession de la Reine**, par Raoul de Na-
  very, 1 vol.................................. H. 1. 100
La **Confession** auriculaire, par l'abbé Guillois,
  1 vol.. D. 9. 7
Confessions, par saint Augustin, 1 vol........ C. 12. 21
Confessions d'un ouvrier, par Emile Souvestre,
  1 vol.. B. 1. 14
Conjuration d'**Amboise**........................ A. 8. 21
Connaissance de **Dieu**, par P. Graty, 2 vol..... C. 5. 8
Connaissance et amour **Jésus-Christ**, par P. S.
  Jure, 1 vol.................................. E. 3. 11
Connaissance et amour de **Jésus-Christ**, par
  le même 1 vol................................ E. 9. 6
Connaissance et amour de **Jésus-Christ**, par
  le même 3 vol................................ E. 11. 16
Conquête de **Grenade**, 1 vol................... A. 5. 25
Conquête du **Mexique**, 1 vol.................. A. 2. 4
Conquête du **Pérou**, par Lebrun, 1 vol........ A. 8. 15
Conseils à mes élèves, par Mme Bernier, 1 vol.. E. 7. 12
Conseils à une jeune fille, par la Comtesse Dro-
  hojowska, 1 vol.............................. C. 7. 17
Considérations chrétiennes pour toute l'année,
  par D. Grasset, 4 vol........................ E. 12. 1

Considérations sur les œuvres de Dieu dans la nature, par Sturm, 3 vol.	D.	12.	8
Considérations chrétiennes pour tous les jours de l'année, par le P. Grasset	E.	12.	12
Considérations sur la Passion de Notre-Seigneur Jésus-Christ, par de La Luzerne, 1 vol.	E.	3.	10
Considérations sur les divers points de la morale chrétienne, par de La Luzerne, 4 vol.	D.	7.	11
Considérations sur les maximes éternelles par saint Liguori, 1 vol.	E.	2.	14
Considérations sur les quinze premiers papes du nom de Grégoire, 1 vol.	B.	13.	12
Le Consolateur des affligés et des malades, par l'abbé Martin de Noirlieu, 1 vol.	E.	6.	11
La Consolation du Chrétien, par l'abbé Roissard, 1 vol.	E.	6.	12
Consolations chrétiennes, 1 vol.	E.	3.	27
Consolations de la religion, par de Collegno, 1 vol.	E.	3.	7
Contes aux enfants de France, par Bouilly, 1 vol.	H.	6.	25
Contes de Bretagne, par Paul Féval, 1 vol.	D.	4.	58
Contes roses, 1 vol.	H.	1.	7
Controverse publique entre M. Labro et M. Cambon, 1 vol.	D.	9.	1
Conversation entre une mère et ses enfants, par Mme de Maussion, 1 vol.	D.	5.	10
Conversation sur la morale, 1 vol.	C.	6.	8
Conversation sur l'insouciance de ceux qui doutent, 1 vol.	D.	4.	1
Conversion de cinquante ministres anglicans, 1 vol.	A.	2.	2
Conversion de dix ministres anglicans, 1 vol.	A.	2.	1
Conversion de Frédéric Hurter, 1 vol.	B.	2.	14
Conversion de M. de Ratisbonne, 1 vol.	B.	2.	13
Conversion du cœur, 1 vol.	E.	2.	6
Conversion d'un pécheur, par P. de Salazac, 1 vol.	E.	2.	17
Correspondance de famille, 1 vol.	H.	6.	18
Correspondance de famille, 1 vol.	I.	1.	2
Correspondance de famille, 1 vol.	I.	1.	5

Correspondance de Sophie, 1 vol............ H. 2. 4
Correspondance d'un voyageur en Orient, par
    Borée, 2 vol........................... H. 14. 2
Le **Corsaire rouge**, par Fenimore Cooper, 1 vol. G. 1. 18
Costumes historiques de la France, 8 vol..... A. 9. 2
Le **Coureur des bois**, par G. Ferry, 2 vol...... H. 1. 10
Couronne de l'année chrétienne, par Abelly,
    2 vol.............................. E. 12. 14
Cours de leçons religieuses, morales et histo-
    riques, 2 vol...................... D. 5. 14
Cours de littérature, par La Harpe, 17 vol.... C. 13. 10
Cours d'histoire élémentaire, 1 vol........... A. 1. 9
Cours d'instructions religieuses, 4 vol....... D. 5. 13
La **Cousine de Lionel**, par Mlle Maréchal, 1 vol. I. 6. 17
Les **Couteaux d'or**, par Paul Féval, 1 vol....... B. 4. 24
Le **Cri de la vérité**, 1 vol..................... C. 6. 15
La **Croix de Migné**, 1 vol.................... A. 12. 13
La **Croyance de l'Eglise à l'Immaculée-Concep-**
    tion, par le cardinal Gousset, 1 vol........... D. 13. 6

D

Le **Dahomey**, par l'abbé Lafitte, 1 vol......... B. 1. 84
Découverte de la terre (histoire des grands
    voyages) par Jules Verne, 1 vol....... ...... A. 4. 8
Découverte de la terre (histoire des grands
    voyages). Voyageurs du XVIIIe siècle. Voya-
    geurs du XIXe siècle, 6 vol.... .... A. 4. 8
Les **Découvertes les plus célèbres**, 1 vol....... C. 4. 15
Défense de l'Église contre les erreurs histo-
    riques, etc., par l'abbé Gorini, 2 vol......... D. 8. 12
Défense des ordres religieux, par Pradié, 1 vol. E. 5. 13
Défense du christianisme, par Mgr de Frays-
    sinous, 5 vol......................... D. 11. 3
Degrés pour élever son esprit à Dieu, par le
    cardinal Bellarmin, 1 vol.................. E. 3. 46
Le **Déisme réfuté par lui-même**, par Bergier,
    1 vol............................... D. 11. 9
Délassements de l'enfance, par Blanchard, 1 vol. H. 7. 25
Délassements de la jeunesse, par Blanchard,
    1 volume........................... H. 4. 16

Délices de l'oraison, par l'abbé Huguet, 1 vol..	E.	2.	16
Délices des âmes pieuses, 2 vol...............	E.	3.	5
Le **Démon de l'argent**, par H. Conscience, 1 vol.	B.	1.	10
Le **Démon du jeu**, par H. Conscience, 1 vol.....	B.	1.	9
Démonstration philosophique du Catholicisme, par l'abbé Polge, 1 vol...............	D.	13.	**4**
Le **Dernier Chevalier**, par P. Féval, 1 vol.....	D.	4.	61
Derniers jours de Pompéï, par Lemercier, 1 vol.	H.	5.	10
Les **Descendants de Jocrisse**, par Rostain, 1 vol.	H.	3.	7
Description de l'Église de Paris, 1 vol........	F.	4.	28
Description du royaume de Siam, par Mgr Pellegoix, 3 vol................................	F.	4.	13
Le **Désert d'eau**, par Mayne Reid, 1 vol........	D.	4.	53
Désert de glace, par Jules Verne, 1 vol........	A.	4.	**2**
Désert de glace, par Jules Verne, 1 vol........	D.	4.	35
Deux ans au Se-Tehouan, par Lucien Vigneron, 1 vol....................................	F.	5.	10
Deux ans dans l'Afrique, 1 vol..............	D.	4.	24
Deux bijoux, par Mlle Z. Fleuriot, 1 vol.......	F.	3.	24
Les **deux Créoles ou l'entraînement de l'exemple**, par Mme Sunders, 1 vol..........	H.	6.	20
Les **deux Familles**, par Mme Delafaye, 1 vol...	H.	6.	4
Les **deux Filles du squatter**, par Meyne Reid, 1 vol....................................	H.	1.	42
Les **deux jumelles**, par A. Desves, 1 vol......	H.	7.	20
Devoir et récompense, par Champagnac, 1 vol.	H.	6.	10
Devoirs des femmes dans la famille, par Chassay, 1 vol.............	E.	5.	19
Les **Devoirs des hommes**, par Silvio Pellico, 1 vol	G.	3.	36
Devoirs des gens du monde, par Collet. 1 vol.	E.	5.	29
Devoirs du chrétien envers Dieu, 1 vol.......	D.	7.	6
Devoirs du chrétien envers Dieu, 1 vol.......	E.	5.	26
Devoirs du jeune chrétien. 1 vol........	E.	2.	25
Devoirs du jeune chrétien et devoirs des hommes, par Silvio Pellico, 1 vol............	I.	4.	17
Devoirs du jeune chrétien, ou Vertus des chrétiens, 1 vol.....................	I.	1.	1
Dévotion à la Sainte-Vierge, par l'abbé Enfantin, 1 vol.................................	E.	8.	6
Dévotion à la Sainte-Vierge, par Vin de Montfort, 1 vol.........................	E.	8.	11

Dévotion à Notre-Seigneur Jésus-Christ, par l'abbé Vaubert, 2 vol. ... E. 8. 1
Dévotion à saint Louis de Gonzague, 1 vol. ... E. 6. 26
Dévotion au Sacré-Cœur, proposée aux enfants, 1 vol. ... E. 1. 33
Dévotion aux saints Anges, par Boudon, 1 vol. ... E. 7. 14
Dévotion aux souffrances de Notre-Seigneur, 1 vol. ... E. 10. 9
Dévotion réconciliée avec l'esprit par Lefranc de Pompignan, 1 vol. ... D. 4. 4
Dévotion des quinze samedis, 1 vol. ... E. 2. 40
Dévouement filial, 1 vol. ... H. 4. 21
Dialogues des vivants au XIXᵉ siècle ... H. 1. 13
Dialogues spirituels, par P. Surin, 2 vol. ... E. 11. 9
Dictionnaire d'agriculture, 1 vol. ... C. 11. 10
Dictionnaire des antiquités grecques et romaines, 1 vol. ... C. 4. 8
Dictionnaire des inventions, 2 vol. ... C. 11. 12
Dictionnaire des grands hommes, 4 vol. ... B. 7. 1
Dictionnaire de zoologie, 3 vol. ... C. 11. 11
Dictionnaire historique, par Feller ... B. 13. 1
Dieu et l'ouvrier, par de Plasman ... D. 4. 49
Dieu inconnu, par Boudon, 1 vol. ... E. 1. 12
Dieu seul, par Boudon, 1 vol. ... E. 1. 18
Difficultés de la vie de famille, par Chassay, 1 vol. ... E. 5. 25
Du Dimanche, par Mgr Dupanloup, 1 vol. ... B. 1. 62
Le Dimanche, par Lecourtier, 1 vol. ... D. 7. 3
Le Dimanche des soldats, par le Cte de Ségur, 1 vol. ... D. 7. 18
Le Dimanche utilement employé, 1 vol. ... I. 4. 13
Le Directeur des âmes chrétiennes et les deux sacrements, 1 vol. ... I. 4. 21
Le Directeur spirituel pour ceux qui n'en ont point, 1 vol. ... E. 11. 1
Discours aux réunions de Saint-François Xavier, par Le Dreuil, 1 vol. ... H. 14. 1
Discours de morale pour des retraites spirituelles, 1 vol. ... C. 6. 20
Discours sur l'histoire ecclésiastique, par l'abbé Fleury, 1 vol. ... A. 11. 4

Discours sur l'histoire universelle, par Bossuet, 2 vol............................	A.	6.	4
Discours sur l'histoire universelle, par Bossuet, 2 vol............................	C.	9.1 *bis*
Discussion amicale sur l'Eglise anglicane, etc, 3 vol............................	D.	8.	11
Dissertation sur la spiritualité de l'âme, par le cardinal de La Luzerne, 1 vol.............	C.	5.	27
Divers états d'oraison, par le P. Caussade, 1 vol.	E.	1.	28
Divine enfance de **Jésus-Christ**, par le P. Avrillon, 1 vol............................	E.	9.	18
Le **Divorce** ou lois civiles concernant le mariage chrétien, par Rupert, 1 vol...........	I.	6.	3
Docteur Ox, par Jules Verne, 1 vol...........	A.	4.	22
Le **Dogme** de la confession vengé des attaques de l'hérésie, par l'abbé Guillois, 2 vol...	D.	9.	6
Dom Léo ou le pouvoir de l'amitié 1 vol......	G.	4.	13
Dom Léo ou le pouvoir de l'amitié, 1 vol.....	G.	5.	3
Don Quichotte de la Manche, 2 vol..........	I.	6.	25
Le **Don Quichotte** philosophe, 4 vol..........	D.	12.	14
Les **Dorsigny** ou deux éducations, 1 vol.......	G.	1.	9
Douce et sainte mort, par le P. Crasset, 1 vol..	E.	10.	1
Douloureuse Passion de Notre-Seigneur, d'après Catherine Emmerich, 1 vol...........	E.	9.	23
Les **Douze convives** du chanoine de Tours, par Collin de Plancy, 1 vol................	H.	3.	13
Un **Drame** dans un omnibus, par Rondelet, 1 vol...................................	D.	4.	54
Drames à l'usage des pensionnats, 1 vol......	H.	7.	15
Les **Drames** de la misère, par Raoul de Navery, 2 vol...................................	I.	6.	51
Le **Droit** d'aînesse, par Mme Bourdon, 1 vol....	D.	6.	13
Les **Ducs de Bourgogne**, par Valentin, 1 vol...	A.	8.	23
Histoire de **Duguay-Trouin**, par de la Landelle 1 vol...................................	H.	1.	76

E

L'**Eau qui court**, par Gustave Aymard, 1 vol...	H.	1.	105
Echelle du ciel, 1 vol..........................	E.	10.	20
Eclaircissements sur la vie monastique, par P. de Rancé, 1 vol.........................	E.	5.	8

— 22 —

L'Ecole des jeunes demoiselles, 1 vol.........	C.	6.	7
L'Ecole des mœurs, 3 vol.....................	C.	6.	5
L'Ecole du hameau, par Mme Farrenc, 1 vol...	H.	1.	14
L'Ecolier ou Raoul et Victor, par Mme Guizot, 4 vol...............................	H.	4.	20
Les Ecoliers vertueux, 2 vol..................	B.	2.	8
Les Ecoliers vertueux, 1 vol	B.	7.	27
Les Ecoliers vertueux, 2 vol..................	B.	2.	9
Edmond et Arthur, 1 vol	G.	4.	22
Edmond et Arthur, 1 vol....................	G.	6.	23
Edouard et Ulrick, par d'Exauvillez...........	I.	5.	11
De l'Education, par Mgr Dupanloup, 3 vol......	C.	5.	7
Education chrétienne, 2 vol...................	C.	6.	6
Education de l'enfance, 1 vol.................	C.	6.	3
Education des enfants, 1 vol.................	C.	6.	11
Education des filles, par Fénelon, 1 vol........	C.	6.	12
Education d'Yvonne, par Mlle Gourau l, 1 vol.	H.	5.	18
L'Eglise anglicane dans ses rapports avec le Souverain Pontife, 1 vol.....................	D.	8.	16
L'Eglise schismatique russe, par le P. Theiner, 1 vol.....................................	D.	8.	13
Eléments de botanique, par Brière, 1 vol......	H.	14.	7
Elévations à Jésus-Christ sur sa Passion, 1 vol.	E.	2.	10
Elévations à Dieu sur les psaumes, par P. Gourdan, 1 vol.............................	E.	12.	15
Eliane, par Mme Augustus Craven, 2 vol.......	B.	4.	43
Elisa de Belmont, par l'abbé Mounair, 1 vol....	G.	3.	1
Elisabeth aux cheveux d'or, par Emmeline Raymond, 2 vol..............................	F.	3.	37
Elpidore, ou conséquences d'une mauvaise éducation, par l'abbé Garapin, 1 vol.........	G.	3.	2
Emile Defait ou le modèle des ouvriers, 1 vol.	G.	5.	34
Émile ou folie, crime et malheur de l'incrédule, par Henrion, 1 vol....................	D.	2.	10
Emilie ou la petite élève de Fénelon par Champagnac, 1 vol...........................	G.	2.	25
Emilie ou la petite élève de Fénelon, par Champagnac, 1 vol...........................	G.	4.	39
Emilien, par de Margerie, 1 vol...............	B.	1.	85
L'Emmanuel ou remède à tous nos maux, par l'abbé Martinet, 1 vol......................	E.	9.	2

L'**Empire Chinois**, par l'abbé Huc, 2 vol........	F.	2.	6
L'**Empire de la vertu**, par Mme de la Bretonnière, 1 vol...............................	H.	7.	26
Encyclopédie progressive ou abrégé des sciences, 1 vol...............................	C.	4.	14
Enfance Chrétienne. par Mgr Blanlo, 1 vol.....	E.	1.	27
Les **Enfants de la mer**, par de la Landelle, 1 vol.	H.	1.	82
Un **Enfant de Marie**, 1 vol.....................	B.	2.	11
Enfants et Mère, par Marie Jenna, 1 vol.......	C.	14.	3
Les **Enfants vertueux**, par Friedel, 1 vol.......	B.	2.	10
En cariole à travers la Suède et la Norvège, par A. Vandal, 1 vol......................	I.	6.	27
Enseignement de la religion, par Mérault, 5 vol.	D.	5.	12
Enseignement de la religion, par Mérault, 1 vol..	E.	5.	27
Entretiens de village, par de Cormenin, 1 vol..	H.	6.	8
Entretiens spirituels, par saint François de Sales, 1 vol.................................	E.	14.	7
Entretiens d'Angélique, 1 vol.................	H.	7.	12
Entretiens de Clotilde, 1 vol.................	H.	7.	13
Entretiens de village, par de Cormenin, 1 vol.	C.	4.	9
Entretiens philosophiques, par le baron de Starck, 1 vol................................	D.	8.	20
Entretiens sur la vie cachée de Jésus-Christ, par Lallemant, 1 vol.......................	E.	2.	32
L'**Envers d'une dot**, par Mme Maryan, 1 vol...	F.	5.	14
L'**Epée de Jeanne d'Arc** (poème), par l'abbé Jacquet, 1 vol................................	B.	6.	1
Episode des Croisades, par Gondicar, 1 vol....	G.	2.	11
Episodes de la guerre de Crimée, par F. Chon, 1 vol..	B.	1.	87
L'**Epouse parfaite**, par de Léon, 1 vol.........	E.	2.	4
Epreuves du mariage, par Chassay, 1 vol.....	E.	5.	24
Ernestine, ou les charmes de la vertu, par Mme Farrenc, 1 vol...........................	G.	4.	30
Les **Errants de nuit**, par Paul Féval, 1 vol.....	B.	4.	17
Les **Erreurs de Voltaire**, par l'abbé Honnotte, 3 vol..	D.	12.	11
L'**Esope chrétien**, fables par Tremblay, 1 vol...	C.	4.	16
Espérances trompées, par Mme de Sainte-Marie, 1 vol...................................	H.	2.	2

L'Espion, par Fenimore Cooper, 1 vol......... G. 1. 19
L'Esprit consolateur, par l'abbé d'Hérouville,
 1 vol... E. 6. 13
L'Esprit consolateur, par l'abbé d'Hérouville,
 1 vol... E. 6. 24
Esprit de la véritable piété, 1 vol........... E. 2. 34
L'Esprit de Monseigneur de Quélen, 1 vol... C. 6. 14
Esprit de sainte Thérèse, 2 vol............... E. 13. 7
Esprit de saint François de Sales, par Dépéry,
 3 vol.......... .... E. 14. 2
Esprit de saint François de Sales, par P. C.
 2 vol... E. 14. 4
Esprit de saint Vincent de Paul, par Ansart,
 1 vol.. B. 10. 3 bis
Esprit du christianisme, par P. Nepveu, 1 vol. E. 11. 2
Esquisse des harmonies de la création, 1 vol. C. 4. 4
Esquisses religieuses, 1 vol... .... H. 14. 13
Essais dramatiques, Le Rosier, drames et pro-
 verbes, 1 vol .... I. 5. 9
Essais pour enseigner la religion aux illet-
 trés, 1 vol................................... D. 5. 6
Essai sur le blasphème, par Marguet, 1 vol.... E. 3. 26
Essai sur l'histoire politique des derniers
 siècles, par Jules Van Praët, 1 vol.......... C. 14. 4
Essai sur l'influence de la religion au dix-
 septième siècle, 2 vol....................... A. 12. 4
Essais sur l'influence de la religion au dix-
 septième siècle, 2 vol....................... A. 12. 4
Esther, ou quelques mots sur le mystère de la
 Bienheureuse Vierge Marie, par l'abbé Picus I. 1. 15
Les Etapes d'une conversion, le coup de grâce,
 par Paul Féval, 2 vol........................ B. 4. 29
Les Etapes d'une conversion, par Paul Féval,
 1 vol.. D. 4. 56
Les Etats-Unis et le Canada, par Marmier, 1 vol. C. 1. 14
L'Été, par Mlles Brun, 1 vol.................. H. 1. 2
L'Etendard de la Foi, par Aubert, 1 vol........ D. 4. 13
L'Eternité s'avance, par le P. de Géramb, 1 vol. E. 10. 16
Etude de la doctrine catholique dans le con-
 cile de Trente, par le P. Mampon, 1 vol...... D. 9. 4
L'Etude et la récréation, 1 vol............... H. 7. 11

Etude historique sur le célibat ecclésiastique
et la confession, par l'abbé Pernet, 1 vol..... D. 8.
Etudes critiques sur le feuilleton-roman, par
Nettement, 2 vol......................... C. 13. 5
Etudes historiques et littéraires sur le Moyen-
Age, par Prat, 5 vol..................... A. 5. 21
Etudes philosophiques sur le christianisme,
par Nicolas, 4 vol....................... D. 11. 6
Etudes sur Fouché, par de Martel, 1 vol....... B. 4. 5
Etudes sur la nature, par Bernardin de Saint-
Pierre, 5 vol............................ C. 2. 1
Eugénie de Guérin, 1 vol..................... H. 1. 84
Eugénie de Revel et Frédéric ou l'amour de
l'argent, par Mme Farenc, 1 vol.............. I. 6. 9
Eulalie et Mathilde, ou orgueil et modestie,
par V. Doublet, 1 vol..................... G. 5. 17
L'Evangile expliqué et médité, par l'abbé De-
haut, 1 vol............................. D. 8. 26
L'Evangile médité, 4 vol..................... E. 12. 16
Examen de la philosophie de Bacon, par Jo-
seph de Maistre, 2 vol..................... C. 5. 9
Examen du matérialisme, par Bergier, 2 vol... D. 12. 12
Examen et solution des difficultés qui re-
gardent l'office divin, 1 vol................. D. 7. 23
Examen particulier pour les laïques, par Tron-
son, 1 vol.............................. E. 10. 17
Excellence et pratique de la dévotion à la
Sainte-Vierge, par le P. de Gallifet, 1 vol... E. 1. 34
Exemples de confiance en Dieu, 1 vol......... I. 4. 14
Exercice pour la communion, par le P. Griffet,
1 vol.................................. E. 2. 31
Exercices de la dévotion au Sacré-Cœur, 1 vol. E. 1. 16
Exercices de piété pour tous les dimanches et
fêtes, par le P. Croiset, 5 vol.............. E. 12. 13
Exercices pour se disposer aux sacrements,
par l'abbé Clément, 1 vol.................. E. 9. 14
Exhortations pour les malades, par Blanchard,
1 vol.................................. E. 6. 21
Les Exilés dans la forêt, par Meyne Reid...... H. 1. 39
Expédition anglaise au pôle Nord, par F. Le-
clerc, 1 vol............................. I. 6. 43

Exposition abrégée de la doctrine chrétienne,
par l'abbé Martin de Noirlieu, 1 vol.......... D. 5. 18
Explication de la doctrine chrétienne, 2 vol.. D. 5. 5
Exposition de la religion mise à la portée de
tout le monde, 1 vol........................ D. 2. 4
Exposition des prières et des cérémonies de
la messe, par Lebrun, 1 vol.................. D. 7. 2
Explication des prières et des cérémonies de
la messe, par Lebrun, 1 vol.................. D. 7. 16
Explication des principales prières, par
Mgr de Bruger, 1 vol....................... E. 7. 13
Explication des Epitres et Evangiles, par
l'abbé Guillois, 2 vol....................... E. 12. 7
Explication historique, dogmatique et morale
de la doctrine chrétienne, par l'abbé Duclot,
4 vol..................................... D. 11. 1
Exposition de la religion chrétienne, 1 vol... E. 2. 9
Exposition de la religion mise à la portée de
tous, 1 vol................................ D. 4. 3

F

Fabiola, par le cardinal Wiseman, 1 vol........ D. 5. 29
Fables, par La Fontaine, 1 vol.................. C. 12. 22
Fables et poésies diverses, par Bressier, 1 vol. C. 12. 15
Les **Familles avant la Révolution,** par de Rible,
2 vol..................................... C. 6. 22
Une **Famille bretonne,** 1 vol................... F. 5. 4
La **Famille Dorival,** par Ménard, 1 vol........ G. 6. 38
La **Famille de Salnac ou la religion présentée**
au cœur, par Mlle Brun, 1 vol.............. G. 6. 4
La **Famille de Lusy ou désintéressement et**
cupidité, 1 vol............................ G. 5. 14
Une **Famille des montagnes,** par Mme de Melly,
1 vol..................................... H. 4. 13
La **Famille Dumonteil ou explication des sept**
sacrements, par Mme de Bray, 1 vol......... G. 6. 1
Les **Fanfarons du roi,** par Paul Féval......... B. 4. 21
Les **Faucheurs de la mort,** par H. de Lamothe,
2 vol..................................... B. 1. 16

La **Fée des grèves**, par Paul Féval, 1 vol...... D. 4. 60
Félix ou la vengeance du chrétien, 1 vol..... G. 2. 18
Félix ou la vengeance du chrétien, 1 vol.... I. 5. 7
La **Femme**,............................... G. 8. 3
La **Femme catholique**, par le P. Ventura, 2 vol.. E. 5. 4
Fernand et Antony, épisode de l'histoire
   d'Alger, 1 vol............................ G. 5. 10
Fernand et Antony, épisode de l'histoire
   d'Alger, 1 vol............................ G. 6. 21
Ferréol, ou les passions vaincues, par Menard,
   1 vol.................................. G. 4. 14
Les **Fiancés au Spitzberg**, par Xavier Marmier,
   1 vol.................................. B. 1. 45
Le **Fidèle au pied de la croix**, par le prince de
   Hohenlohe, 1 vol........................ E. 9. 20
De la **fidèle observation des commandements
   de Dieu**, 1 vol......................... I. 4. 11
La **Fille au coupeur de paille**, par Raoul de
   Navery................................. F. 3. 54
La **Fille de Carilès**, par Mme Colomb, 1 vol.... B. 1. 30
La **Fille de l'émigré**, par d'Espagny, 1 vol..... H. 4. 10
La **Fille du juif-errant**, par Paul Féval, 1 vol.. B. 1. 20
La **Fille du juif-errant**, par Paul Féval, 1 vol.. D. 4. 65
Firmin ou le jeune voyageur en Egypte, par
   de Marlès, 1 vol........................ G. 4. 37
Le **Fléau du village**, par H. Conscience, 1 vol.. I. 6. 36
Fleurange, par Mme Craven, 2 vol............ D. 5. 24
Les **Fleurs du ciel**, par l'abbé Orsini, 1 vol..... D. 12. 17
Fleurs de la vie des saints, 2 vol............ B. 12. 11
Fleurs et Fruits, 2 vol..................... F. 5. 24
Flourostine ou religion dans l'infortune, 1 vol. G. 2. 19
La **Foi de nos pères**, par le baron de Bussière,
   1 vol.................................. D. 8. 15
La **Foi, l'Espérance et la Charité**, 1 vol...... D. 7. 13
Fondement de la vie spirituelle, par le P. Su-
   rin, 1 vol.............................. E. 1. 6
Les **Fondements de la foi mis à la portée de
   toutes sortes de personnes**, 1 vol.......... D. 11. 10
Fontaine aux perles, par Paul Féval, 1 vol.... B. 4. 16
Les **Fontaines de la vie**, par Aubert, 1 vol..... D. 4. 14
Forts pour la foi, par de Haupt, 2 vol......... B. 4. 1

Les **Fraises**, 1 vol...................................... H. 1. 15
Françaises en Russie, par Roy, 1 vol.......... D. 6. 7
La **France héroïque**, par Bathild Bouniol, 4 vol... F. 5. 7
Le **Fratricide**, par le vicomte Walsh, 1 vol...... H. 5. 15
Le **Fratricide**, par le vicomte Walsh, 1 vol...... H. 3. 4
Le **Frère** et la sœur, ou les bonnes leçons de
    l'adversité, par Mme Voillez, 1 vol........... H. 4. 14
Les **Frères d'armes**, par de Charles, 1 vol...... H. 5. 11
Frère Tranquille, par P. Féval, 1 vol......... D. 4. 64
Un **Fruit sec**, par Zénaïde Fleuriot, 2 vol....... E. 3. 30

G

Le **Gémissement de la colombe**, ou l'utilité
    des larmes, par le cardinal Bellarmin, 1 vol... E. 3. 47
Général La Moricière, par Keller, 2 vol....... D. 6. 1
Geneviève et le roi païen, par Nicole, 1 vol.... C. 12. 28
Génie du christianisme, par Chateaubriand,
    2 volume.................................. D. 4. 2
Génie du christianisme, édition abrégée, par
    Chateaubriand. 2 vol...................... D. 12. 13
Le **Gentilhomme pauvre**, par H. Conscience
    1 vol...................................... B. 1. 71
Georges ou le petit ramoneur, par Mme Du-
    bois, 1 vol................................ G. 3. 28
Géraldine, ou histoire d'une conscience, 1 vol. G. 4. 1
Géraldine ou histoire d'une conscience, 1 vol G. 7. 1
Les **Germains avant le christianisme**, par Oza-
    nam, 1 vol................................ A. 12. 5
Gilbert et Mathilde, épisode des croisades, 1 vol G. 6. 25
Gisèle, par Emmeline Raymond, 2 vol .... F. 3. 39
Gloire de Marie, par saint-Liguori, 1 vol...... E. 8. 7
Goffiné ou la sanctification, 1 vol .... D. 5. 20
Le **Grand chef des Aucas**, par G. Aimard, 2 vol. H. 1. 47
La **Grande Chartreuse**, par Audiffret, 2 vol.... F. 4. 20
Grandeur et décadence des Romains, par
    Montesquieu, 1 vol......................... A. 6. 8
Les **Grandeurs du catholicisme**, par Séguier,
    2 vol..................................... D. 13. 5

Le **Grand jour** approche ou lettres sur la pre-
mière Communion, 1 vol.................... E. 3. 21
Le **Grand jour** de la vie, par l'abbé Beney,
1 vol.................................... I. 4. 20
Le **Grand'père** et les quatre petits-fils, par
Mme de Pussy, 1 vol...................... B. 4. 47
Les **Grands** hommes de la France, par Théodore
Muret, 2 vol............................. B. 6. 4
Les **Grimpeurs** des **Rochers**, par Meyne Reid,
1 vol.................................... H. 1. 35
Les **Grottes** d'Etretat, per Capendu, 1 vol...... H. 1. 92
Les **Guerillas**, par le comte de Locmaria, 2 vol. I. 6. 29
Les **Guerriers** célèbres, 1 vol................. B. 5. 31
La **Guerre** noire, par J. Berlioz d'Auriac, 1 vol. F. 3. 43
Guide de la jeunesse, par Arrisenet, 1 vol..... E. 2. 48
Guide de l'enfant chrétien, par de Villiers,
1 vol................................... E. 2. 33
Le **Guide** des âmes pieuses ou Sanctuaire de
Marie, par M. Vianney, 1 vol............. I. 1. 14
Guide des pécheurs, par Grenade, 1 vol....... E. 10. 18
Le **Guide** du catéchisme vaudois, V. 5 vol.... D. 9. 3
Guide du premier âge, 1 vol................... E. 2. 42
Le **Guide** pieux, 1 vol........................ E. 6. 28
Le **Guide** pieux, 1 vol........................ I. 1. 13
La **Guirlande** de houblon, par le chanoine
Schmid, 1 vol............................ H. 1. 11
Gustave et Lucien, 1 vol..................... G. 2. 35
Gustave ou le jeune voyageur en Espagne,
par M. de Marlès. 1 vol.................. G. 4. 15
Gymnase moral des jeunes personnes, par
Champagne, 1 vol.. .... C. 7. 10

H

Harmonies de la mer, par Félix Julien, 1 vol... B. 1. 50
Au **Hasard**, par Mlle Zénaïde Fleuriot, 1 vol.... F. 3. 15
Hector Servadac, par J. Verne, 2 vol.......... H. 1. 72
Hélène ou la jeune institutrice, 1 vol......... G. 6. 19
Henri de Fermont ou la sévère leçon, par Mme
de Nelly, 1 vol.......................... G. 6. 26

— 30 —

Henri Morton, par d'Exauvillez, 1 vol.......... G. 4. 6
Mme **Herbert** ou la religion mise à la portée
 de tous, 1 vol........................... G. 3. 14
Mes **Héritages**, par Mlle Zénaïde Fleurio', 1 vol F. 3. 27
Hermance ou l'éducation chrétienne, 1 vol.. G. 4. 43
L'**Héroïsme** en soutane, par le général Ambert,
 1 vol................................. B. 1. 90
Mes **Heures avec Jésus**, par Hubert Lebon, 1 vol E. 2. 46
Heures nouvelles à l'usage des gens du
 monde, par l'abbé d'Auterroche, 1 vol........ E. 3. 16
Heures sérieuses d'une jeune femme, par Ch.
 Sainte-Foi, 1 vol............................ E. 5. 31
Heures sérieuses d'un jeune homme, par
 Sainte-Foi, 1 vol............................ E. 2. 51
L'**Heureuse année**, par l'abbé Lassausse, 1 vol. E. 7. 1
L'**Heureux matin** de la vie, par l'abbé Carron,
 1 vol................................. E. 1. 1
Notre **Histoire** en 100 pages, par Hubault, 1 vol. F. 3. 49
Histoire abrégée de l'ancien et du nouveau
 testament, 1 vol............................ A. 13. 12
Histoire abrégée de l'Eglise, par Lhomond, 1 vol A. 10. 12
Histoire ancienne, par Lefranc, 1 vol......... A. 6. 9
Histoire ancienne pour les institutions de
 demoiselles, 1 vol .... A. 1. 7
Histoire ancienne et moderne, 3 vol.......... A. 6. 6
Histoire ancienne racontée aux enfants, 1 vol. A. 1. 6
Histoire d'Alger, par Stéphen d'Estry, 1 vol... A. 9. 12
Histoire d'Amérique, par Roberston, 1 vol.... A. 5. 31
Histoire d'Angleterre......................... A. 5. 24
Histoire d'Angleterre, par Lingard, 5 vol..... A. 8. 2
Histoire de Belgique, par Edward Flay, 1 vol. A. 1. 2
Histoire de Bossuet, par le cardinal de Beaus-
 set, 2 vol.................................. B. 5. 12
Histoire de Christophe Colomb, 1 vol........ B. 5. 9
Histoire de deux enfants d'ouvriers, par
 H. Conscience, 1 vol......................... I. 6. 37
Histoire de l'ancien et du nouveau testament,
 par le docteur Schuster, 1 vol................ D. 6. 17
Histoire d'Espagne, 1 vol.................... A. 5. 27
Histoire d'Espagne et de Portugal, 2 vol..... A. 5. 28
Histoire de Duguay-Trouin, 1 vol............ B. 5. 10

Histoire de Duguesclin, 1 vol	B.	5.	25
Histoire de Fénelon, 1 vol	B.	5.	11
Histoire de Fénelon, 1 vol	B.	5.	32
Histoire de Fénelon, par le cardinal de Beausset, 4 vol	B.	6.	20
Histoire de France, par d'Exauvillez, 1 vol	A.	1.	3
Histoire de France, 2 vol	A.	6.	10
Histoire de France, par Gabour, 3 vol	A.	8.	14
Histoire de France, par Laurentie, 8 vol	A.	9.	4
Histoire de France, 2 vol	A.	9.	5
Histoire de France racontée à la jeunesse, 2 vol	A.	1.	11
Histoire de France (révoltes), 1 vol	I.	3.	1
Histoire de François Ier, 1 vol	B.	5.	7
Histoire de Gerson, 1 vol	B.	5.	34
Histoire de Godefroy de Bouillon, 1 vol	B.	7.	4
Histoire de Henri IV, 1 vol	B.	5.	3
Histoire de Henri VIII, 2 vol	B.	5.	4
Histoire de Henri VIII et du Schisme, par Audin, 2 vol	B.	6.	3
Histoire de Henri de la Tour d'Auvergne, duc de Bouillon, 3 vol	B.	5.	30
Histoire de Hollande, par Berthould, 1 vol	A.	1.	1
Histoire de Jésus-Christ, par le comte de Stolberg, 2 vol	A.	13.	3
Histoire de l'abbé de Rancé, 1 vol	B.	8.	25
L'Historien de la jeunesse, par l'abbé Jouvent, 1 vol	A.	5.	14
Histoire de la littérature française sous Louis-Philippe, par Nettement, 2 vol	C.	13.	3
Histoire de la Prusse, par de la Motte, 1 vol	D.	4.	28
Histoire de Léon X et de son siècle, par Audin, 2 vol	B.	13.	11
Histoire de Louis XIV, 1 vol	B.	5.	8
Histoire de Louis XVI, par Durdent, 1 vol	B.	6.	19
Histoire de Luther, par Audin, 3 vol	B.	5.	5
Histoire de Notre-Dame de Roc-Amadour, par l'abbé Caillau, 1 vol	A.	12.	11
Histoire de Notre-Seigneur Jésus-Christ, par Tamisez, 1 vol	B.	4.	2

Histoire de Jean-Baptiste de la Salle, par Rabelais, 1 vol	D.	6.	4
Histoire de Jean de Brito, missionnaire martyr, 1 vol	B.	12.	21
Histoire de Jeanne d'Arc, par de Barante, 1 vol.	D.	4.	45
Histoire de la Bienheureuse Marguerite-Marie, par l'abbé Bougaud, 1 vol	H.	1.	65
Histoire de la Chevalerie, 1 vol	A.	5.	19
Histoire de la Compagnie de Jésus, par Crétineau-Joly, 6 vol	A.	10.	1
Histoire de la conquête d'Alger, par Nettement, 1 vol	A.	9.	11
Histoire de la Grèce ancienne, 1 vol	A.	5.	18
Histoire de la ligue formée contre Charles le Téméraire, 1 vol	A.	9.	9
Histoire de la littérature française sous la Restauration, par Nettement, 2 vol	A.	13.	4
Histoire de la papauté au XIVe siècle, par l'abbé Christophe, 3 vol	B.	13.	4
Histoire de la persécution révolutionnaire en Bretagne, par l'abbé Tresvaux, 2 vol	A.	9.	7
Histoire de la persécution révolutionnaire en Bretagne, par l'abbé Tresvaux, 2 vol	A.	9.	7
Histoire de la Rédemption, par l'abbé Chassey, 1 vol	E.	9.	13
Histoire de la réforme protestante en Suisse, 1 vol	A.	11.	4
Histoire de la reine Blanche, 1 vol	B.	8.	8
Histoire de la Religion, par Martin de Noirlieu, 1 vol	A.	2.	6
Histoire de la Religion catholique, par la comtesse de Semeilly, 3 vol	A.	10.	3
Histoire de la Révolution française, 1 vol	A.	8.	15
Vie de la révérende mère Thérèse de saint-Augustin, 2 vol	B.	8.	39
Histoire de la Révolution et de l'Empire, par Gabour, 10 vol	A.	9.	3
Histoire de la robe sans couture de Notre-Seigneur Jésus-Christ, 1 vol	E.	8.	28
Histoire de la société domestique chez tous les peuples, par l'abbé Gaume, 2 vol	C.	5.	11

Histoire de la Trappe, par Grandmaison, 1 vol.. A. 10. 13
Histoire de la Vendée militaire, par Créti-
neau-Joly, 4 vol...................... A. 8. 16
Histoire de la vie de Notre-Seigneur Jésus-
Christ, par le P. de Ligny, 2 vol............ A. 13. 14
Histoire de la vie de Pie VII, par Artaud, 2 vol. B. 13. 8
Histoire de la vie privée des Français, par
Paul Lacroix, 1 vol.................... A. 9. 1
Histoire de la vraie religion, 1 vol.......... A. 13. 18
Histoire de l'Eglise, par Alzoge, 3 vol........ A. 12. 2
Histoire de l'enlèvement et de la captivité de
Pie VI, 1 vol..................... B. 13. 7
Histoire de l'image miraculeuse de Notre-
Dame de Liesse, 1 vol.................. A. 12. 14
Histoire de l'industrie, par Maigne, 1 vol..... D. 4. 40
Histoire de l'institution de la fête du Saint-
Sacrement, 1 vol..................... A. 10. 18
Histoire de l'ordre de Malte................. A. 5. 25
Histoire de Mabillon, 1 vol.................. B. 5. 24
Histoire de Napoléon, 1 vol................. B 5. 17
Histoire de Philippe-Auguste, 1 vol.......... B. 5. 2
Histoire de Photius, auteur du schisme grec,
par l'abbé Jager, 1 vol.................. D. 9. 5
Histoire de Pierre-le-Grand, 1 vol........... B. 7. 5
Histoire de Richard Cœur-de-Lion, 1 vol... B. 5. 26
Histoire de saint André Bobola, 1 vol....... B. 11. 16
Histoire de saint Augustin, par Vincent, 1 vol. I. 2. 2
Histoire de saint Augustin, apôtre des An-
glais, 1 vol...................... B. 11. 12
Histoire de saint Augustin, par Poujoulat,
2 vol...................... B. 11. 11
Histoire de saint Augustin, évêque d'Hip-
pone, 1 vol...................... B. 12. 26
Histoire de saint Bernard, par Nécander, 1 vol. B. 12. 8
Histoire de saint Bernard, par l'abbé Ratis-
bonne, 2 vol...................... B. 12. 9
Histoire de saint Bernard, par l'abbé Ratis-
bonne........................ B. 11. 1
Histoire de saint Charles Borromée, 1 vol.... B. 12. 15
Histoire de saint Dominique, par le P. Lacor-
daire, 1 vol..................... B. 12. 17

Histoire de la vie de sainte Cécile, 1 vol.....	B.	11.	27
Histoire de sainte Chantal, par l'abbé Bougaud, 2 vol............................	B.	1.	93
Histoire de sainte Elisabeth de Hongrie, par M. de Montalembert, 2 vol.................	B.	11.	20
Histoire de sainte Monique, 1 vol...........	B.	10.	6
Histoire de sainte Odile, 1 vol...............	B.	3.	13
Histoire de sainte Monique, par l'abbé Bougaud, 1 vol............................	B.	1.	92
Histoire de sainte Paule, par l'abbé Lagrange, 1 vol............................	B.	1.	97
Histoire de saint Etienne Harding, 1 vol.....	B.	11.	18
Histoire de saint François d'Assise, 1 vol....	B.	12.	13
Histoire de saint François de Sales, par le marquis de Ségur, 1 vol..................	B.	4.	39
Histoire de saint Germain l'Auxerrois, 1 vol.	B.	3.	10
Histoire de saint Jérôme, 1 vol..............	B.	12.	4
Histoire de saint Léger, 1 vol................	B.	12.	20
Histoire de saint Louis, par Villeneuve Trans, 3 vol............................	A.	9.	6
Histoire de saint Paul, 1 vol................	B.	10.	5
Histoire de saint Pierre, par Vincent, 1 vol...	B.	10.	4
Histoire de saint Thomas Becket, 1 vol......	B.	10.	21
Histoire de saint Thomas d'Aquin, 1 vol.....	B.	10.	9
Histoire de saint Vincent Ferrier, 1 vol.......	B.	12.	16
Histoire de saint Stanislas Ier, roi de Pologne, 1 vol............................	B.	5.	15
Histoire de Théodose le Grand, 1 vol........	B.	5.	1
Histoire de Thomas Morus, 1 vol............	B.	6.	5
Histoire de Turenne, 1 vol..................	B.	5.	13
Histoire de Vauban, 1 vol..................	B.	5.	14
Histoire de Venise........................	A.	5.	20
Histoire des ducs de Guise, par René de Bouillé, 3 vol............................	A.	8.	5
Histoire des ducs d'Orléans, par Laurentie, 4 vol............................	A.	8.	10
Histoire des grands voyages, par Jules Verne, 1 vol............................	H.	1.	75
Histoire des Indiens, 1 vol..................	A.	5.	30
Histoire des ordres religieux, par Henrion, 2 vol............................	E.	5.	21

Histoire des principaux sanctuaires de la Mère
de Dieu, 4 vol.............................. E. 8. 11
Histoire des solitaires d'Orient, 1 vol......... B. 9. 4
Histoire des souverains pontifes romains, par
Artaud, 8 vol.............................. B. 13. 13
Histoire du Grand Condé, 1 vol .... B. 5. 33
Histoire d'un pauvre musicien, par X. Mar-
mier, 1 vol................................. B. 1. 46
Histoire et réfutation du socialisme, par de
Bussy, 1 vol............................... H. 14. 14
Histiore instructive des navires, 1 vol....... C. 4. 10
Histoire intime, 1 vol...................... F. 5. 5
Histoire du Bas-Empire, par Mazeret, 1 vol... A. 5. 16
Histoire du brave Crillon, 1 vol............. B. 5. 22
Histoire du cardinal de Bellarmin, 2 vol..... B. 5. 18
Histoire du cardinal Ximénès, 2 vol......... B. 5. 21
Histoire du chevalier Bayard............... B. 7. 3
Histoire du christianisme au Japon, 1 vol.... A. 3. 5
Histoire du développement de la doctrine
chrétienne, par le R. P. Newman, 1 vol...... D. 8. 10
Histoire du Mont-Valérien, 1 vol............. A. 3. 7
Histoire du maréchal de Fabert, 1 vol........ F. 4. 42
Histoire du moyen-âge, 1 vol................ A. 5. 32
Histoire du Pape Grégoire VII et de son
siècle, 1 vol................................ B. 12. 14
Histoire du Pape Innocent III, par Hurter,
2 vol...................................... B. 13. 6
Histoire du Pape Léon XII, par Artaud, 2 vol. A. 13. 9
Histoire du Pape Pie VIII, par Artaud, 1 vol.. B. 13. 19
Histoire du Pape Sylvestre II, par Hock, 1 vol. B. 13. 10
Histoire du Paraguay, 1 vol................. A. 3. 6
Histoire du pontificat et de la captivité de
Pie VI, 1 vol............................... B. 13. 16
Histoire du pontificat de Pie VII, 1 vol....... B. 13. 17
Histoire du pontificat de saint Léon le
Grand, par de Saint-Chéron, 2 vol........... B. 13. 5
Histoire du schisme portugais, par de Bussière,
1 vol...................................... I. 6. 1
Histoire du Sunderbund, par Crétineau-Joly,
2 vol...................................... A. 8. 6
Histoire ecclésiastique, par l'abbé Blanc, 3 vol. A. 5. 3

— 36 —

Histoire et description du Japon, par Charle-
voix, 1 vol...................................... A. 10. 10
Histoire générale des voyages, par de Rou-
joux, 30 vol................................... F. 1. 3
Histoire moderne, 2 vol....................... A. 6. 16
Histoire moderne élémentaire, 1 vol........ A. 1. 10
Histoire naturelle, par G. Belèze, 1 vol....... C. 2. 5
Histoire romaine, par Lefranc, 1 vol.......... A. 1. 4
Histoire romaine, par Rollin, 16 vol.......... A. 6. 1
Histoires choisies, par l'abbé Jouvent, 1 vol... A. 5. 13
Histoires choisies de l'Ancien Testament, 1 vol. A. 13. 17
Histoires édifiantes, par l'abbé Baudrand, 1 vol. A. 5. 7
Histoires édifiantes, par divers auteurs, 1 vol. A. 5. 10
Histoires édifiantes, 1 vol.................... A. 10. 8
Histoires et paraboles, par Bonaventure Girau-
deau, 1 vol.................................... E. 1. 40
Histoires et paraboles du père Bon, par Gi-
raudeau, 1 vol................................. G. 1. 38
Histoires morales et édifiantes, par Mme d'A-
brantès, 1 vol.................................. A. 5. 9
Historiettes et fantaisies, par L. Veuillot, 1 vol. C. 7. 28
Un Hiver à Rome, par de Ségur, 1 vol........ F. 3. 42
Un Hivernage dans les glaces, par Jules Verne,
1 vol.. H. 1. 74
L'Homme à l'école de Bossuet, par le comte de
Champagny, 2 vol.............................. H. 14. 12
L'Homme de Dieu, 1 vol...................... B. 8. 22
L'Homme de fer, par P. Féval, 1 vol.......... D. 4. 57
**Les Hommes d'Etat les plus célèbres de
France**, 1 vol................................. B. 7. 7
L'Homme et la Création, par Desdouits, 1 vol. C. 5. 10
**L'Homme heureux dans toutes les situations
de la vie**, 1 vol............................... H. 6. 1
**L'Homme sous l'empire de la religion chré-
tienne**, par Picarogny, 1 vol.................. D. 13. 13
L'Horloge de l'ange gardien, 1 vol........... E. 7. 17
L'Horloge de la Passion, par saint Liguori,
1 vol.. E. 2. 5
Hospice du mont Saint-Bernard, par Jamey,
1 vol.. D. 4. 55
L'Hôtel Worontoff, par Mlle Z. Fleuriot, 1 vol. F. 3. 33

Les **Houilleurs de Poligny,** par Elie Berthet,
1 vol.. D. 6. 9
Hubert, ou suites funestes de la paresse et de
l'incrédulité, 1 vol.............................. G. 3. 11

I

De l'**Idéal** du bonheur dans la vie religieuse,
par Mlle Marie Bardy, 1 vol................. B. 4. 45
Les **Idées** d'un catholique sur ce qu'il y aurait
à faire, 1 vol.................................. D. 9. 17
L'**Ile** mystérieuse, par Jules Verne, 3 vol....... A. 4. 9
L'**Ile** mystérieuse, par Jules Verne, 3 vol....... D. 4. 32
Les **Iles** de glace, par de la Landelle, 1 vol..... H. 1. 77
L'**Image,** 1 vol.................................. H. 1. 113
L'**Imitation** de Jésus-Christ, par Gonnelieu,
1 vol... E. 2. 38
Imitation de Jésus-Christ méditée, par l'abbé
Herbet, 2 vol................................. E. 9. 7
L'**Imitation** de la Sainte-Vierge, 1 vol........ E. 9. 24
Imitation du Sacré-Cœur de Jésus, 1 vol...... E. 9. 8
Influence des ordres religieux, par l'abbé Gran-
cour, 1 vol.................................... E. 5. 14
Les **Indes** noires, par Jules Verne, 1 vol...... A. 4. 20
De l'**Influence** du christianisme sur le droit
civil des **Romains,** par Troplong, 1 vol...... C. 5. 19
Institutions oratoires, par Quintilien, 6 vol.... C. 13. 11
Institution spirituelle, par P. Girard, 1 vol... E. 3. 41
Instruction de la jeunesse, 1 vol.............. E. 5. 10
Instruction du pénitent, par le P. Segnori, 1 vol. E. 6. 25
Instruction morale et religieuse à l'usage des
écoles catholiques, 1 vol..................... D. 5. 8
Instructions pour la confirmation, 1 vol...... D. 1. 2
Instructions familières, ou lectures du soir,
par Mgr de Ségur, 2 vol..................... B. 4. 37
Instructions spirituelles, par le P. Brignon de
Blois, 1 vol.................................. I. 4. 5
Instruction sur la danse...................... C. 2. 7
Instruction sur le dimanche et les fêtes, 1 vol. D. 7. 7
Instruction sur les romans, par l'abbé Huot,
1 vol... I. 4. 18

Instruction pour le Saint-Sacrifice, par l'abbé
Clément, 1 vol............................... D. 7. 21
Instructions et prières à l'usage des domesti-
ques, 1 vol................................... E. 2. 26
Instructions familières sur toutes les vérités,
3 vol.. D. 5. 7
Instructions pour éclairer les âmes pieuses,
par P. Quadrupani, 1 vol.................... E. 1. 25
Instructions pour la première communion, par
l'abbé Regnault, 1 vol...................... E. 2. 20
Instructions pour tous les dimanches de l'an-
née, 1 vol................................... D. 7. 25
Instructions sur les égarements de l'esprit et
du cœur, 1 vol............................... E. 6. 15
Instructions sur les Evangiles, 1 vol.......... E. 3. 12
Instructions sur les principales fêtes de
l'Eglise, 3 vol.............................. D. 7. 8
Instructions sur les principales vérités de la
religion, 1 vol.............................. E. 7. 6
Instruction sur l'oraison mentale, par le P.
Crasset, 1 vol............................... E. 1. 13
Instruction sur l'oraison mentale, par Courbon,
1 vol.. E. 10. 10
Intérieur de Jésus et de Marie, par le P. Grou,
2 vol.. E. 9. 4
L'Intérieur ou influence de la vertu au sein de
la famille, par Devoille, 2 vol.............. H. 6. 17
Introduction à la vie dévote, par saint François
de Sales, 1 vol.............................. E. 6. 30
Introduction à la vie et aux vertus chré-
tiennes, par M. Ollier, 1 vol................ E. 3. 8
De l'Invention, dialogue philosophique, par
Manzon, 1 vol................................ C. 6. 19
Itha, ou la vertu persécutée, par Friedel, 1 vol. G. 3. 13
Itinéraire de la terre au ciel, 1 vol.......... E. 2. 24

J

Jacques Delorme, par d'Exauvillers, 1 vol....... I 5. 2
James, 1 vol.................................... G. 2. 6
La Jungada, par Jules Verne, 2 vol............. A. 4. 24

Jean Canada, par Raoul de Navery, 1 vol.......	I.	6.	18
Jeanne d'Arc, d'après les chroniques contemporaines, 1 vol..............................	B.	6.	16
Jérusalem délivrée, par Le Tasse, 1 vol.......	C.	12.	26
Jérusalem, son histoire et ses vicissitudes, 1 vol.	A.	10.	11
Notre-Seigneur Jésus-Christ, par l'abbé Arnault, 1 vol...............................	A	13.	15
Des Jésuites, par le P. de Ravignan, 1 vol......	I.	6.	14
Jésuites, par P. Féval, 1 vol.................	D.	4.	62
Jésus enfant, par P. de Busset, 1 vol..........	E.	2.	13
Jésus et Marie, par l'abbé Truchot, 1 vol.......	E.	8.	24
Du Jeûne, 1 vol..............................	D.	1.	6
Le Jeune Marin, par Mme Guermante, 1 vol...	H.	6.	14
Le Jeune officier ou un voyage dans l'Inde, par Mlle Maccarthy, 1 vol....................	H.	2.	9
Le Jeune ouvrier, 1 vol......................	I.	1.	11
Le Jeune ouvrier chrétien, par Mgr de Ségur, 1 vol.......................................	B.	4.	38
Le Jeune tambour, par Mme Voilly, 1 vol......	H.	6.	15
Jeunes esclaves, 1 vol.......................	D.	4.	29
Les Jeunes martyrs, 1 vol....................	B.	9.	8
Les Jeunes ouvrières, par Mme Woillez, 1 vol.	H.	6.	11
Les Jeunes ouvrières ou l'épreuve et la récompense, par la même, 1 vol................	H.	5.	17
Les Jeunes voyageurs en France, par Malte-Brun, 1 vol.................................	F.	4.	5
Joseph, par Bitaubé, 1 vol....................	G.	7.	3
Joseph et Isidore, par P. Marcel, 1 vol........	G.	2.	12
Joseph ou le vertueux ouvrier, par l'abbé Petit, 1 vol..................................	G.	5.	11
Journal de Cléry, 1 vol......................	A.	8.	17
Journal d'Emilie, 1 vol......................	H.	14.	9
Journal de Marguerite, par Mlle Moniot, 1 vol.	H.	1.	83
Journal d'un Alsacien, par H. de Lamothe, 1 vol.......................................	B.	1.	20
Journal d'un missionnaire au Texas, par l'abbé Domenech, 1 vol..........................	F.	2.	14
Journal d'un solitaire, par A. de Milly, 1 vol...	D.	2.	5
Journal d'un voyage en Italie, impressions et souvenirs, par Mgr de Ségur, 1 vol..........	B.	4.	36
La Journée chrétienne, par M. Ollier, 1 vol....	E.	1.	22

Journée du chrétien, 1 vol.................... E. 2. 47
Journée du chrétien, 1 vol.................... E. 3. 4
Journées mémorables de la Révolution fran-
çaise, par le vicomte Walsh, 5 vol............ A. 9. 8
Jules ou la vertu dans l'indigence, par
Mme Farrenc, 1 vol......................... G. 6. 14
Jules ou la vertu dans l'indigence, par
Mme Farrenc, 1 vol......................... G. 4. 16
Julien ou l'enfant industrieux, par Langlois,
1 vol...................................... G. 2. 2
Julienne ou la servante de Dieu, par Walsh,
1 vol...................................... G. 5. 26
Les Jumeaux de Saint-Cyr, 1 vol............. G. 5. 19
Justine ou l'influence de la vertu, 1 vol....... G. 2. 26

K

Mlle de Kervallez, par Mme Maryan, 1 vol..... F. 5. 13

L

Labruyère des jeunes personnes, 1 vol........ C. 6. 10
Lady Anne ou les premières années d'une
jeune orpheline, 1 vol...................... G. 5. 37
Lady Frida, par Mme Maryan, 1 vol.......... F. 5. 16
Lancelle et Anatole, ou les soirées artésiennes G. 6. 10
Le Langage de la Religion, 1 vol............. D. 5. 19
La Vie de Mme de Lantages, 1 vol........... B. 2. 16
Laure ou la jeune émigrée, 1 vol............. G. 2. 17
Laure ou la jeune émigrée, 1 vol............. G. 3. 7
Leçons de philosophie morale, par Noël, 1 vol.. C. 13. 8
Leçons de littérature et de morale, par Noël
et de la Place, 2 vol........................ C. 13. 7
Lectures chrétiennes sur les Epitres et les
Evangiles, 3 vol........................... E. 12. 9
Lectures de piété, par l'abbé Postel........... E. 5. 35
Lectures du matin à l'usage des jeunes enfants,
1 vol...................................... E. 12. 11
Lectures historiques belges, 1 vol............ A. 5. 22
Lectures instructives et intéressantes, 1 vol.. D. 2. 7

Lectures sur les vérités importantes de la religion, 2 vol... E. 12. 10
La **Légende des âmes**, par Eugène Alcan, 2 vol. F. 5. 21
Légende du sainte Geneviève, par Delalan, 1 vol... B. 1. 69
Légendes d'Allemagne, par de Navery, 1 vol.. H. 1. 53
Légendes de l'histoire de France, par de Plancy, 1 vol... A. 8. 11
Légendes des sept péchés capitaux, 1 vol... H. 3. 1
Légendes des origines, par de Plancy, 1 vol... H. 3. 9
Léon et Alice, par Ménard, 1 vol... C. 2. 2
Léontine et Marie ou les deux éducations, par Mme Woillez, 1 vol... G. 6. 27
Lettres, par l'abbé Péreyve, 1 vol... C. 7. 32
Lettres, par saint Augustin, 6 vol... C. 11. 4
Lettres, par saint Jérôme, 2 vol... C. 12. 7
Lettres, par saint François de Sales, 1 vol... E. 14. 3
Lettres de Clément XIV, 2 vol... B. 3. 38
Une **Lettre de l'autre monde**, 1 vol... H. 2. 10
Lettres de Léandre à Théophile, 1 vol... G. 2. 28
Lettre de Notre-Seigneur à l'âme dévote, par Lanspergnis, 1 vol... E. 1. 14
Lettres de saint François-Xavier, 2 vol... B. 6. 6
Lettres de quelques Juifs à M. de Voltaire, 3 vol... D. 12. 9
Lettres à Eugène sur l'Eucharistie, par le P. de Géramb, 1 vol... E. 9. 10
Lettres d'Atticus sur les mariages mixtes, 1 vol... I. 4. 1
Lettres d'un Catholique, par Gautier, 1 vol... C. 7. 23
Lettres d'une solitaire inconnue, 2 vol... B. 6. 24
Lettre d'un paysan, par Grange, 1 vol... D. 4. 47
Lettres du P. Roy, mort en Chine en 1769, par P. Roy, 2 vol... A. 10. 7
Lettres du R. P. Lacordaire, par l'abbé Péreyve, 1 vol... C. 7. 33
Lettres édifiantes, 20 vol... A. 3. 1
Lettres édifiantes, 2 vol... A. 10. 14
Lettres édifiantes des missionnaires de 1793, 1 vol... A. 8. 21
Lettres de M. de Montalembert, 1 vol... H. 1. 88

Lettres spirituelles à une dame anglaise, par l'abbé Pamord, 1 vol...................... D. 9. 12

Lettres spirituelles sur la paix intérieure, par Lombez, 1 vol...................... E. 3. 9

Lettres sur la réforme en Angleterre, 1 vol.. A. 2. 3

Lettres sur la vie religieuse, 1 vol........... E. 5. 2

Lettres sur l'éducation, par Laurentie, 1 vol... C. 6. 13

Lettres sur l'histoire de la réforme en Angleterre, par Cobbeti, 1 vol...................... D. 9. 11

Lettres sur les îles Marquises, par P. Mathias F. 2. 11

Lettres sur l'Italie religieuse, par Pierre de Joux, 2 vol...................... D. 9. 8

Lettres vendéennes, par le vicomte Walsh, 2 vol...................... A. 8. 7

Les **Libres-penseurs**, par L. Veuillot, 1 vol.... C. 5. 17

Lionel Lincoln, par Fenimore Cooper, 1 vol.... G. 1. 21

Le **Livre de Job** (traduit en vers), par F. Le vasseur, 1 vol...................... A. 13 4

Le **Livre de la jeune femme chrétienne**, 1 vol. C. 7. 13

Le **Livre de la nature** (physique et chimie), 2 vol...................... C. 4. 5

Le **Livre de l'enfance chrétienne**, par Mme de Flavigny, 1 vol...................... D. 1. 1

Livre des classes ouvrières, par l'abbé Mullois, 1 vol...................... E. 2. 49

Le **Livre des élus ou Jésus crucifié**, par P. Saint-Jure, 1 vol...................... E. 8. 3

Le **Livre des familles**, par Berquin, 1 vol..... H. 1. 5

Le **Livre des jeunes filles et le Mentor de l'homme**, 1 vol...................... I. 6. 2

Livre des jeunes personnes, par Colombet, 1 vol...................... E. 2. 41

Livre d'or ou l'humilité en pratique, 1 vol... E. 1. 17

Le **Livre du chrétien**, 1 vol...................... D. 5. 9

Le **Livre unique**, par Mazeret, 2 vol.......... A. 5. 15

La **Loi de Lynch**, par Gustave Aymard, 1 vol.. H. 1. 106

Lorenzo, 1 vol...................... G. 4. 17

Lorette, 1 vol...................... A. 10. 17

Louis XVI, par de Falloux, 1 vol.............. B. 5. 39

Louis XVIII à ses derniers moments, 1 vol... B. 5. 36

Louise, par l'abbé Vincelet, 1 vol.............. H. 14. 41

Louise ou la première Communion, par le même, 1 vol. ... G. 6. 8
Le **Loup blanc**, par P. Féval, 1 vol. ... H. 1. 111
La **Louve**, par le même, 1 vol. ... D. 4. 69
Lucie ou la messe de minuit, par Mlle Gouraud, 1 vol. ... G. 3. 3
Lydia ou la jeune Grecque, 1 vol. ... I. 4. 19

M

Madame Agnès, par Dubois, 1 vol. ... D. 4. 5
Madeleine, histoire chrétienne, 1 vol. ... H. 5. 11
Magasin pittoresque, 42 vol. ... C. 1. 1,2,3,4,5,6
Les **Magistrats** les plus célèbres de France 1 vol. ... B. 7. 8
Main de velours, par Mlle Gabrielle d'Ethampes, 1 vol. ... D. 5. 31
La **Main** ferme, par Gustave Aymard, 1 vol. ... H. 1. 104
Maison à vapeur, par Jules Verne, 2 vol. ... A. 4. 13
Malheurs d'un bachelier, par Jean Grange, 1 vol. ... D. 4. 48
Manrèse, 1 vol. ... E. 10. 4
Manrèse ou exercices spirituels, par saint Ignace, 1 vol. ... E. 5. 28
Le **Manteau** brun, par Devoille, 1 vol. ... H. 5. 8
Manuel des âmes intérieures, par le P. Groult, 1 vol. ... E. 11. 4
Manuel de la Charité, par l'abbé Mullois, 1 vol. C. 7. 11
Manuel de la dévotion aux âmes du purgatoire, par l'abbé Gaduel, 1 vol. ... E. 2. 43
Manuel de la messe, par Lecourtier, 1 vol. ... D. 7. 20
Manuel de piété destiné aux colonies, 1 vol. ... E. 1. 3
Manuel des adorateurs du cœur de Jésus, 1 vol. E. 1. 21
Manuel des personnes pieuses, 1 vol. ... E. 2. 44
Manuel des pieuses domestiques, par Ozanam, 1 vol. ... E. 2. 1
Manuel du chapelet et du rosaire, par de Sambucy, 1 vol. ... E. 7. 18
Manuel du chrétien pour les temps de missions, 1 vol. ... E. 10. 19

Manuel d'une femme chrétienne, par Chassay,
1 vol.. E. 5. 18
Manuel pour le jubilé et les missions, par de
Sambucy, 1 vol..... .... E. 2. 28
Manuel de l'association du Calvaire, 1 vol.... H. 14. 25
Manuel du rosaire, par l'abbé des Billiers, 1 vol. H. 14. 21
Manuel du serviteur de Marie, 1 vol .... H. 14. 19
Le Manuscrit bleu ou la jeune femme chré-
tienne, 1 vol................................. H. 6. 13
Marcia, par Mme Bourdon, 1 vol.............. D. 6. 12
Marcof le Malouin, par Capendu, 1 vol....... H. 1. 30
Ma mère, par Mgr de Ségur, 1 vol............ H. 1. 87
Marga, par Mlle Z. Fleuriot, 1 vol............. F. 3. 11
Marins français, par Bathild Bouniol, 2 vol..... F. 5. 8
Marguerite à vingt ans, par Moniot, 2 vol..... H. 1. 114
Marquise et pêcheur, par Mlle Z. Fleuriot, 1 vol. F. 3. 4
Les Martyrs de la Sibérie, par de la Mothe,
2 vol.. H. 1. 109
Marguerite ou le retour au bonheur, 1 vol... G. 4. 42
Maria ou confiance en Dieu porte bonheur,
1 vol... G. 3. 8
Marianne Aubry, par Mlle Gouraud, 1 vol..... G. 5. 9
Marie de Kervon, par Mlle Devis, 1 vol........ G. 5. 13
Marie de Kervon, ou les fruits de l'éducation,
par Mlle Devis, 1 vol......................... H. 4. 1
Marie et Juliette, par Fortunat, 1 vol.......... I. 5. 3
Marie ou l'ange de la terre, 1 vol............. G. 5. 31
La Mary Morgan, par Capendu, 1 vol.......... H. 1. 28
Marie ou la vertu heureuse de s'ignorer elle-
même, par Mme Dié de Saint-Joseph, 1 vol... G. 3. 4
Marie sur le trône du ciel, par P. Stoger, 1 vol. I. 4. 22
Les Marins célèbres, 1 vol................... B. 5. 23
Marpha, par de la Mothe, 2 vol.............. H. 1. 33
Marthe ou la sœur hospitalière, 1 vol......... G. 3. 9
Marthe, par de Haupt, 1 vol................. B. 1. 78
Marthe ou un pèlerinage, 1 vol.............. I. 2. 13
Martyre de sœur Irena-Macrina-Miezyslaska,
1 vol... H. 14. 40
Mathilde ou Gabrielle, et les bienfaits d'une
éducation chrétienne, 1 vol.... .... G. 5. 12
Les Mauvais jours, par Zénaïde Fleuriot, 1 vol. F. 3. 20

Maurice, 1 vol...................................... G. 3. 15
Matinées de l'âme pieuse, par le chanoine Ri-
    card, 3 vol..................................... E. 6. 32
Maximes chrétiennes et morales, par P. Dom.
    A. Jean, 1 vol............................... E. 10. 7
Maximes pour se conduire chrétiennement
    dans le monde, par l'abbé Clément, 1 vol..... E. 3. 36
Maximes spirituelles, par l'abbé Grou, 1 vol... E. 10. 6
Maximes spirituelles de saint Vincent de
    Paul, 1 vol.................................. E. 1. 36
La Médaille miraculeuse, par Aladel, 1 vol.... B. 1. 95
Le Médecin de campagne, par Mme Maryan,
    1 vol....................................... F. 5. 15
Le Médecin des passions, par Desaivet, 1 vol. G. 8. 5
Méditations, par le P. Griffet, 1 vol........... E. 10. 2
Méditations, 1 vol.............................. E. 6. 27
Méditations, par Médaille...................... E. 3. 44
Méditations de la vie du Christ, par saint
    Bonaventure, 1 vol.......................... E. 8. 2
Méditations et sentiments sur la sainte com-
    munion, par le P. Avrillon, 1 vol............ E. 9. 11
Méditations philosophiques et morales, par
    Descartes, 1 vol............................. C. 5. 23
Méditations pour chaque jour du mois, par
    l'abbé Frappaz, 1 vol........................ E. 3. 30
Méditations spirituelles, par le P. Nouet, 1 vol. E. 13. 3
Méditations sur la Passion de Notre-Sei-
    gneur, par saint Liguori...................... E. 3. 15
Méditations sur la vie de Notre Seigneur
    Jésus-Christ, par P. Alvarez de Paz, 1 vol... E. 9. 15
Méditations sur la vie et la mort de Jésus-
    Christ, par le P. Avancin, 1 vol.............. E. 10. 3
Méditations sur l'Eucharistie, par l'abbé de la
    Bouillerie, 1 vol............................. B. 8. 1
Méditations sur l'Evangile, par Bossuet, 1 vol. E. 12. 6
Méditations sur les Evangiles, par P. Médaille,
    1 vol....................................... H. 14. 15
Méditations sur les Evangiles, 2 vol.......... E. 3. 13
Méditations sur les mystères de la foi, 2 vol.. E. 12. 5
Méditations sur les vertus de sainte Thérèse,
    1 vol....................................... E. 6. 29

Mélanges, par Lacordaire, 1 vol.	C.	11.	9
Mélanges théologiques et historiques, par saint Jérôme, 3 vol.	C.	12.	9
Mélanie ou fleurs de sainte Claire, 1 vol.	G.	5.	6
Memento de l'éternité, par le P. Passy, 1 vol.	E.	2.	15
Mémoires, par Beugnot, 2 vol.	H.	1.	63
Mémoires d'Antoine, par Rondelet, 1 vol.	C.	4.	17
Mémoires d'un curé de campagne, par Devoille, 1 vol.	H.	5.	5
Mémoires d'un orphelin, par X. Marmier, 1 vol.	C.	6.	28
Mémoires d'un orphelin, par X. Marmier, 1 vol.	I.	6.	49
Mémoires d'une poupée, par Mlle Gouraud, 1 vol.	H.	3.	10
Mémoires d'un troupier, par A. de Ségur, 1 vol.	I.	5.	1
Mémoires d'un prisonnier d'Etat, 2 vol.	H.	5.	16
Mémoires d'un vieux paysan, par Devoille, 1 vol.	H.	5.	6
Mémoires philosophiques, par l'abbé de Crillon, 1 vol.	D.	12.	6
Mémoires sur le Jacobinisme, par l'abbé Barruel, 2 vol.	A.	8.	18
Mémoires de madame de Maintenon, 1 vol.	C.	6.	2
Mémoires sur Monseigneur de la Mothe, évêque d'Amiens, 1 vol.	B.	5.	20
Mémorial sur la Révolution française, par d'Exauvillez, 1 vol.	A.	8.	19
Mémorial des vierges chrétiennes, par Cl. Arvisenet, 1 vol.	H.	14.	26
Mendez Pinto, par Candau, 1 vol.	G.	6.	32
Le **Mendiant,** par Derville, 1 vol.	H.	5.	13
Le **Mendiant noir,** par P. Féval, 1 vol.	B.	4.	8
Le **Mentor des enfants,** 1 vol.	C.	6.	9
Le **Mentor de la jeunesse,** par l'abbé Reyre, 1 vol.	H.	7.	14
A la **Mer,** par Meyne Reid, 1 vol.	H.	1.	40
La **Mer ou histoire des naufrages,** par de Fontaine de Resberg, 1 vol.	F.	3.	2
Ma **Mère,** par Mgr de Ségur, 1 vol.	H.	1.	87
La **Mère des pauvres,** 1 vol.	B.	2.	12

La **Mère Sainte-Euphrasie**, par l'abbé Sanson,
1 vol.................................... H. 7. 4
Les **Merveilles de la nature**, par de Marlès,
1 vol.................................... F. 4. 37
Merveilles de la nature, par Delacroix, 1 vol.. I. 1. 10
Merveilles de la photographie, par Tissandier,
1 vol.................................... B. 1. 64
Les **Merveilles du corps humain**, par Descuvet,
1 vol.................................... G. 8. 6
La **Messe au point de vue de la raison**, par
Louis Tremblay, 1 vol................... D. 7. 22
Messiade, par Klopstock, 1 vol............... C. 12. 27
**Méthode d'instruction pour ramener les ré-
formés**, 1 vol .... D. 9. 18
Méthode d'oraison, par le P. Nepveu, 1 vol.... E. 1. 38
Méthode pour converser avec Dieu, par le P.
Franc, 1 vol............................. E. 1. 2
Michel Strogoff, par Jules Verne, 2 vol........ D. 4. 37
Les **Mille et une nuits**, par Galland, 4 vol..... H. 7. 22
Miss Idéal, par Mlle Z. Fleuriot, 1 vol.......... F. 3. 28
Une **Mission**, par le général Ambert, 1 vol..... H. 1. 90
**Mission de Cayenne et de la Guyanne fran-
çaise**, 1 vol............................. F. 1. 2
**Mission de la femme chrétienne et de la vie
réelle**, par l'abbé Ozanam et Math. Fromont, 1
vol..................................... I. 6. 15
Missions du Kiang-Nam, 1 vol............... A. 11. 3
Missions du Paraguay, 1 vol................. A. 10. 9
Missions du Levant d'Asie et de la Chine,
1 vol.................................... A. 10. 5
Modèles de perfection chrétienne, 1 vol ..... B. 7. 15
Modèles des jeunes personnes................ B. 2. 7
Modèles du clergé, 1 vol..................... B. 7. 14
Mœurs des israëlites et des chrétiens, 1 vol.. A. 13. 10
Moines d'Occident, par le comte de Montalem-
bert, 5 vol.............................. B. 1. 51
Le **Moine de Luxeuil**, par Devoille, 2 vol...... H. 5. 24
Le **Mois de la Sainte-Enfance**, par Letourneur,
1 vol.................................... E. 2. 12
Mois de Marie, par l'abbé Debussi, 1 vol....... E. 8. 19
Mois de Marie, par l'abbé Le Guillou, 1 vol.... E. 8. 20

Le **Mois de Marie**, par l'abbé Herbet, 1 vol..... E. 8. 21
Mois de Marie, par l'abbé Letourneur, 1 vol... E. 8. 18
Mois de Marie, par l'abbé de Sambucy, 1 vol... E. 8. 17
Mois de Marie de Notre-Dame de Lourdes, par H. Lasserre, 1 vol...... .... B. 1. 89
Mois de Marie au pied de la croix, 1 vol..... E. 3. 39
Mois de mars, 1 vol......................... E. 8. 23
Mois de saint Joseph, 1 vol.................... E. 1. 26
Le **Mont Sinaï, ou instructions sur les commandements de Dieu**, par Aubert, 1 vol..... D. 4. 15
Un **Monsieur**, par Etienne Marcel, 1 vol........ F. 5. 19
Morale chrétienne, 1 vol...................... E. 6. 14
Morale de la Bible, 2 vol..................... A. 13. 8
Morale du christianisme, 1 vol............... I. 1. 6
La **Morale du christianisme offerte à la jeunesse**, 1 vol........... .... D. 7. 12
Morale du Nouveau Testament, par P. Pray de la Neuville, 3 vol...................... E. 12. 8
La **Morale uiverselle**, 1 vol.................. D. 1. 5
Le **Moraliste du jeune âge**, 1 vol............ I. 1. 3
Le **Moraliste du premier âge**, 1 vol.......... I. 1. 12
Morceaux choisis, par Massillon, 1 vol........ H. 14. 20
La **Morsure du serpent**, par Aubert, 1 vol..... D. 4. 17
La **Mort**, par de Chaignolles, 1 vol............. B. 4. 4
Morts héroïques, par d'Annoy, 1 vol.......... D. 6. 5
Morts des justes, par Perdreau, 2 vol......... B. 4, 7
Mort de Louis XVI, par Lafuite, 1 vol........ B. 1. 67
Morts funestes des impies, par d'Exauvillers, 1 vol............................ B. 2. 3
Le **Mot de l'énigme**, par Mme Craven, 2 vol... D. 5. 25
Motifs de conversion d'un grand nombre de protestants, 1 vol......................... D. 9. 15
Motifs qui ont ramené un grand nombre de protestants, par l'abbé Rohrbacher, 1 vol.... D. 3. 3
Le **Mystère de l'Eucharistie**, par l'abbé Joiron, 1 vol................................ E. 9. 12

N

Nancy Vallier, par Mme Gagne, 1 vol........ D. 6, 8
Nathalie ou la piété nous rend heureux, 1 vol. G. 2. 7

Navigateurs du XVIIIᵉ siècle (histoire des grands voyages), par Jules Verne, 1 vol....... A. 4. 8
Les **Naufragés de l'île Bornéo**, par Mayne Reid, 1 vol.................................. E. 6. 40
Neuvaine à Marie, sur l'abbé Le Guillou, 1 vol. E. 8. 15
Sans Nom, par Mlle Z. Fleuriot, 1 vol.......... F. 3. 10
Notre histoire en cent pages, par G. Hubault, 1 vol.................................. B. 1. 31
Notes et souvenirs, sur Mgr Dupanloup, 1 vol. H. 1. 96
Notre passé, par Zénaïde Fleuriot, 1 vol........ F. 3. 14
Notice sur l'insigne indulgence de la Portioncule, 1 vol.................................. D. 2. 9
Notice sur la médaille miraculeuse, 1 vol..... H. 14. 31
Notice sur les prêtres du diocèse de Besançon morts en 1793, 1 vol...................... B. 8. 35
Notice sur la vie et la mort du P. Perboire, 1 vol.................................. B. 6. 18
Notre capitale de Rome, par Z. Fleuriot, 1 vol. F. 3. 6
Notre-Dame de Lourdes, par Lasserre, 1 vol.. B. 1. 88
Notre-Dame des Anges, 1 vol.............. A. 3. 10
Notre-Dame des Sept Douleurs, 1 vol......... E. 8. 22
Notre-Dame de Consolation, par Devoille, 2 vol. H. 7. 16
Nouveau Testament, traduit par de Sacy, 1 vol. A. 13. 13
Le **Nouveau Tobie**, 1 vol.................... H. 1. 18
Nouveaux souvenirs d'une mère de famille, par Mme Woillez, 1 vol...................... E. 6. 17
La **Nouvelle abeille du Parnasse**, 1 vol....... C. 12. 25
Les **Nouvelles héroïnes chrétiennes**, par l'abbé Carron.................................. B. 2. 5
Nouvelle médaille de l'Immaculée Conception, 1 vol.................................. A. 3. 9
Nouvelle médaille de l'Immaculée Conception, 1 vol .... A. 10. 16
Nouvelles morales, par d'Exauvillez, 1 vol..... A. 5. 8

O

L'**Observateur du dimanche**, 2 vol........... D. 7. 4
L'**Océanie**, 1 vol............................ F. 4. 10
Odes sacrées, par l'abbé de Marcellus, 1 vol.... C. 12. 23

Odilon, 1 vol............................ G. 3. 35
L'Odyssée d'Antoine, par de Navery, 1 vol..... D. 6. 15
Œuvres complètes, par Bossuet, 35 vol........ C. 9. 1
Œuvres complètes, par Bourdaloue, 18 vol.... C. 8. 1
Œuvres complètes, par Massillon, 28 vol....... C. 8. 2
A l'Ombre du drapeau, par Bathild Bouniol,
  1 vol............................ F. 5. 9
L'Oncle Trésor, par Mlle Z. Fleuriot, 1 vol...... F. 3. 18
Oraisons funèbres, par Mascaron, 1 vol........ C. 7. 20
Oraisons funèbres, par Fléchier, 1 vol......... C. 7. 2
Ordre et désordre, par Mlles Brun, 1 vol....... I. 4. 8
Les Orphelins piémontais, par Mme Delafaye,
  2 vol............................ G. 4. 11
L'Ouvrage des six jours expliqué, par Duguet,
  1 vol............................ D. 12. 15
Les Œuvres de miséricorde, par Mme J. de Ga-
  mont, 1 vol........................ H. 7. 8
Œuvres spirituelles, par l'évêque d'Osma, 1 vol. E. 3. 43
Œuvres spirituelles, par le P. Vincent Huby,
  1 vol............................ E. 10. 11
Œuvres spirituelles, traduites par l'abbé Ber-
  théaumier, par saint Bonaventure, 6 vol....... E. 11. 17
Œuvres spirituelles, par P. Berthier, 2 vol.... E. 13. 1
Œuvres spirituelles, par Nouet, 36 vol........ E. 13. 2
Œuvres spirituelles, par Judde, 2 vol.......... E. 13 4
Œuvres spirituelles, par Judde, 5 vol......... E. 13. 5
Œuvres, par saint Jean de la Croix, 2 vol....... E. 13. 8
Œuvres complètes, par Pacca, 2 vol........... B. 13. 11
Œuvres spirituelles, par Fénélon, 4 vol....... C. 10. 1
Œuvres, par Fénélon, 17 vol.................. C. 11. 3
Œuvres complètes, par saint François de Sales,
  35 vol............................ E. 14. 1
Œuvres, par saint Cyprien, 2 vol.............. C. 12. 8
Œuvres de Démosthènes, 6 vol.............. C. 13. 9
Œuvres de Xavier de Maistre, 1 vol.......... F. 3. 51
L'Ouvrière, par Brochard, 1 vol.............. B. 1. 76

P

Parfum d'une violette, par Mme Corbie, 1 vol.. H. 14. 27

Une **Paroisse vendéenne sous la Terreur**, par
le comte de Quatrebarbes...................... H. 4. 4
**Paroles d'un catholique ou défense de l'ordre
social**, par l'abbé Vidal, 1 vol............... C. 5. 14
De **Paris à Pékin**, par Meignan, 1 vol......... B. 1. 52
Le **Pancarpe de Marie**, par le P. David, 1 vol.. E. 7. 10
Du **Pape**, par de Maistre, 1 vol............... D. 8. 5
Paraphrase du Salve Regina, par saint Li-
guori, 1 vol.................................. I. 4. 4
Une **Parisienne sous la foudre**, par Zénaïde
Fleuriot, 1 vol.............................. F. 3. 5
Le **Parfait domestique**, par d'Exauvillers. ..... H. 2. 14
Les **Parvenus**, par Paul Féval, 1 vol........... B. 4. 23
Le **Patriarche des Vosges**, 1 vol.............. G. 3. 29
Paul, par l'abbé Guérinet, 1 vol. .... B. 1. 86
Paul ou les dangers d'un caractère faible,
par l'abbé Guérinet, 1 vol................... G. 7. 4
Paul Odelin, par de La Landelle, 1 vol........ B. 1. 25
Paul et Virginie, par Bernardin de Saint-Pierre,
1 vol.. G. 5. 32
Pauvre Claude, par Mme Gabrielle d'Arvor,
1 vol.. B. 4. 40
Le **Pauvre vieux**, par Zénaïde Fleuriot, 1 vol... F. 3. 12
Le **Pays de l'honneur**, par le général Ambert,
1 vol.. H. 1. 91
Le **Pays des fourrures**, par J. Verne........... H. 1. 68
Les **Païens et les chrétiens**, par le comte de
Ségur, 1 vol................................. D. 10. 1
Le **Paysan soldat**, par Devoille, 1 vol .... H. 5. 20
Pêche dans l'Amérique du Nord, par B.-H.
Revoil, 1 vol................................ B. 4. 46
Un **Pèlerinage**, par l'abbé Mounaix, 1 vol...... H. 1. 20
Pèlerinage à Jérusalem, par P. de Géramb,
3 vol.. F. 4. 3
Le **Pèlerinage du chrétien**, 1 vol............... H. 1. 21
Pèlerinage en Terre-Sainte, par l'abbé Wonner,
1 vol.. F. 4. 4
Pèlerinage en Suisse, 1 vol................... F. 2. 10
Pèlerinage d'une jeune fille à Jérusalem, par
Gaucherand, 1 vol........................... F. 3. 1
Pensées d'Humbert, 1 vol.................... E. 7. 7

Pensées chrétiennes, par le P. Nepveu, 1 vol... E. 11. 13
Pensées et réflexions sur la religion (Elise), par d'Exauvillez, 1 vol...................... I. 1. 9
Pensées salutaires à l'usage de la jeunesse, par l'abbé Théron, 1 vol.................... E. 3. 18
Pensez-y bien, 1 vol........................ E. 1. 23
Perfection des jeunes filles, par l'abbé Chevojon, 1 vol............................ E. 2. 36
Le **Père des Auvergnats**, par Jouhanneaud, 1 vol. D. 4. 52
Les **Pères du Désert turc**, par la comtesse de Halm, 2 vol............................ H. 14. 10
Vie du **Père Olivaint**, par le P. Ch. Clair, 1 vol. H. 1. 64
Persécution, par Lescœur, 1 vol.............. B. 4. 11
Persévérance chrétienne, 1 vol.............. E. 6. 10
La **Persévérance ou la jeune fille sous la conduite de Marie**, 1 vol.................... E. 2. 30
Petite belle, par Zénaïde Fleuriot, 1 vol........ F. 3. 23
Petit carême, par Massillon, 1 vol............ C. 11. 2
La **Petite mendiante**, 1 vol.................. H. 1. 19
Petite biographie des Français les plus célèbres, 1 vol............................ B. 1. 1
La **Petite compagne d'études**, par Mme Delafaye, 1 vol............................ H. 7. 27
Petite géographie moderne, par Ansart, 1 vol. H. 14. 37
Petites lectures, 2 vol...................... C. 4. 13
Le **Petit mouton**, par le chanoine Schmid, 1 vol. H. 1. 8
Le **Petit Savoyard**, 1 vol.................... H. 6. 16
Le **Petit Parisien**, par l'abbé Domenech, 1 vol.. A. 4. 25
Petite princesse des bruyères, par Emmeline Raymond, 2 vol........................ F. 3. 35
Les **Petits rédempteurs des âmes**, par l'abbé Maitrias, 1 vol.......................... E. 1. 20
La **Petite société savante** (Entretiens d'enfants), 1 vol............................ C. 4. 12
La **Petite sœur des pauvres**, par Schneider, 1 vol.............................. D. 6. 19
Un **Philosophe**, par Marin de la Livonnière, 1 vol.............................. F. 5. 22
Philosophie du Credo, par le P. Gratry, 1 vol. B. 1. 61
Philosophie de la révélation, 1 vol.......... C. 5. 28
Sainte **Philomène, vierge et martyre**, 1 vol.... B. 10. 10

Physionomiedes saints, par Hello, 1 vol...... C. 6. 21

Pia la San Pietrina, par de la Mothe, 2 vol.... I. 6. 19

Picciola, par Saintine, 1 vol.................... G 6. 2

Pieds d'argile, par Zénaïde Fleuriot, 2 vol...... F. 3. 26

Pie IX, par l'abbé Dumax, 1 vol................ F. 3. 40

Pie IX, 1 vol.................................. F. 3. 40 *bis*

Pierre Blot, par P. Féval, 1 vol.... .... D. 4. 63

Pierre Cœur ou l'orgueil vaincu, 1 vol........ G. 3. 30

Pierre Desbordes ou danger des mauvaises
liaisons, 1 vol............................... G. 2. 42

Pierre l'aîné, modèle de la vie chrétienne, 1 vol. G. 5. 4

Pierre Saintive, par Louis Veuillot, 1 vol....... G. 1. 12

Pierre ou la reconnaissance, par A. Maurice,
1 vol.. G. 7. 5

La **Pieuse pensionnaire,** 1 vol................. B 7. 23

La **Pieuse paysanne,** 1 vol.................... E. 1. 32

La **Pieuse ouvrière,** par l'abbé de la Bussière
de Nancé, 1 vol............................. H. 2. 11

Pieux souvenir, 1 vol........................ E. 3. 35 *bis*

Pieux souvenirs des âmes du purgatoire, par
Mgr Devie, 1 vol..... .... E. 2. 35

Pieux souvenirs du pensionnat, par l'abbé
Sanson, 2 vol............................... H. 7. 22

Pieux conseils pour pratiquer la vertu dans
le monde, par l'abbé Lecourtier, 1 vol........ E. 2. 29

Pirates du Mississipi, par Gerstæquer, 1 vol... B. 1. 63

La **Piste de guerre,** par Meyne Reid, 1 vol.... H. 1. 34

La **Place Vendôme,** par l'abbé Lamazou, 1 vol.. B. 1. 60

Plaidoyer religieux, 1 vol.................... D. 3. 4

Plaidoyer religieux, 1 vol.................... I. 1. 7

Plaidoyer religieux, 1 vol.................... I. 1. 8

La **Plaie** (poésie), par Henri Jouin, 1 vol....... C. 14. 2

Les **Poètes franciscains en Italie au XIIIe siècle,**
par Ozanam, 1 vol.......................... B. 12. 22

Le **Portefeuille du jeune amateur,** 5 vol..... F. 4. 39

Le **Poisson d'Or,** par Paul Féval, 1 vol........ B. 4. 27

A la **Porte du Paradis,** par Le Pas, 1 vol..... H. 1. 61

Portraits contemporains, par Gautier, 1 vol... C. 7. 25

Portraits littéraires, par L. Gautier, 1 vol.... C. 6. 29

Pratiques à l'usage de l'association du Sacré-
Cœur, 1 vol................................. E. 9. 17

Pratique de la perfection chrétienne, par Rodriguez, 6 vol.	E. 11.	12
Pratique de l'amour envers Jésus-Christ, par saint Liguori, 1 vol.	E. 1.	8
Pratique du christianisme, par l'abbé Dubois, 1 vol.	E. 11.	6
Récits de l'histoire romaine, par du Rozier, 1 vol.	A. 8.	8
Récits de la vie de N. S. J.-C., par Peigné, 1 vol.	A. 13.	15 *bis*
La **Première aventure de Corentin-Quimper,** par Paul Féval, 1 vol.	B. 4.	22
La **Première Communion,** par P. Féval, 1 vol.	D. 4.	67
Une **Première année dans le monde,** 1 vol.	C. 7.	9
Le **Premier tour du monde,** par de la Landelle, 1 vol.	H. 1.	78
Préparation à la mort, 1 vol.	E. 3.	19
Présence de Dieu et exercices de la vie intérieure, par R. Gonnellieu, 1 vol.	I. 6.	12
Un **Prêtre et la Commune de Paris en 1871,** par l'abbé Guelmar, 1 vol.	C. 6.	34
Le **Prêtre et le sacerdoce catholique,** par l'abbé Turquais, 1 vol.	D. 11.	2
Les **Prévallonnais,** par Zénaïde Fleuriot, 2 vol.	F. 3.	29
Préservatif contre l'incrédulité, 1 vol.	D. 4.	8
Promenades autour du monde, par le baron de Hubner, 2 vol.	D. 5.	27
Promenades d'un touriste, par Victor Fournel, 1 vol.	C. 6.	26
Prières et contemplations, 1 vol.	E. 3.	42
La **Prière, instructions pratiques et exemples édifiants,** 1 vol.	D. 4.	18
Le **Prince Coriolani,** par Paul Féval, 1 vol.	B. 4.	19
Principes de la Pénitence, 1 vol.	E. 7.	8
Principes de lecture publique et de déclamation, 1 vol.	C. 6.	1
Principes de la philophie de l'histoire, par l'abbé Frère, 1 vol.	C. 5.	13
Les **Principes fondamentaux de la religion,** 1 vol.	D. 4.	5
Prix de sagesse, 1 vol.	G. 2.	29
Procius ou les martyrs d'Agen, par Mme Gabrielle d'Orvon, 1 vol.	B. 4.	41

La **Profanation du dimanche**, par l'abbé Gaume,
1 vol... D. 7. 17
Prônes sur le sacrifice de la messe, par Ba-
doire, 3 vol................................... D. 7. 14
Du **Protestantisme** dans ses rapports avec le
socialisme, par Nicolas, 1 vol............... D. 8. 6
Prophète Isaïe (poème), 1 vol.................. C. 14. 5
Le **Protestantisme** comparé au catholicisme,
par Balmès, 3 vol............................ D. 9. 2
La **Providence** faisant tout pour le bonheur
des hommes, 1 vol........................... C. 5. 22
Les **Psaumes** traduits en français, 5 vol....... A. 13. 6
Le **Psautier** français, 1 vol.................... A. 13. 7
Le **Psautier** français, 1 vol.................... A. 13. 5
La **Pupille** d'Hilarion, par Marie Maréchal, 1 vol. F. 3. 34
Pupille de Salomon, par Lachèze, 1 vol........ F. 3. 49
Pureté du cœur, par Chassay, 1 vol .... E. 5. 22

Q

Les **Quatre fins** de l'homme, par Rouault, 1 vol H. 14. 28
Les **Quarts de jour**, par G. de la Landelle, 3 vol. B. 1 24
Les **Quarts de nuit**, 1 vol..................... H. 6. 24
Quatorze ans aux îles Sandwich, par de Vari-
gny, 1 vol................................... B. 4. 6
Quatre années d'expérience du catholicisme,
par Moore Capes, 1 vol...................... D. 3. 2
Quatre-vingt-neuf et son histoire, par Armel
de Kervan, 1 vol............................. F. 5. 11
Que la religion est aimable, 1 vol............. D. 1. 4
Quentin Durward, par Walter Scott, 1 vol..... I. 6. 20
La **Quittance de Minuit**, par P. Féval, 2 vol... H. 1. 112

R

Le **Rationalisme** et la doctrine catholique, par
Maréchal, 1 vol.............................. D. 8. 23
Rayons de vérité, par le P. Ratisbonne, 1 vol.. C. 6. 33
Les **Récits du château**, par d'Exauvillez, 1 vol.. F. 4. 34

Récits du cœur, par Mme Clémence Marie, 1 vol.. H. 5. 1
Récits américains, par X. Marmier, 1 vol..... D. 4. 26
Récits du foyer, par Violeau, 1 vol............. F. 5. 25
Récits d'une Alsacienne, par Dubois, 1 vol.... B. 1. 68
Récits moraux................................. A. 5. 4
Récits d'une sœur, par Mme Craven, 2 vol..... D. 5. 21
Récréations innocentes de la jeunesse, par l'abbé Derin, 2 vol.............................. H. 7. 3
Recueil de conversions remarquables de protestants, 1 vol................................... D. 9. 16
Recueil des écrits de Marie Eustelle, 1 vol... B. 8. 6
Recueil de morts édifiantes, 1 vol............. B. 2. 2
Recueil de pratiques pieuses, 1 vol........... E. 3. 37
Recueil de réfutations des objections contre le christianisme, par L. de Rouen, baron d'Alvimare, 1 vol.................................. D. 12. 5
Réflexions des Saints Pères sur l'Eucharistie, 1 vol.. E. 5. 32
Réflexions sur les Evangiles et les Epitres, 1 vol.. E. 3. 14
La Réforme contre la réforme, 2 vol........... D. 8. 3
Le Régiment des géants, par P. Féval, 1 vol... B. 4. 28
Règles du tiers-ordre de saint François, 1 vol. E. 3. 32
Règles d'une vie chrétiennne, par l'abbé Premord, 2 vol.................................... E. 5. 9.
Le Règne du christianisme dans le monde, par l'abbé Laviron, 2 vol...................... C. 6. 18
Regrets et consolations, par d'Exauvillez, 1 vol. I. 5. 5
La Reine des Epées, par P. Féval. 1 vol....... B. 4. 15
Relation de l'événement de la Salette, 1 vol.. A. 10. 15
Relation de captivité à bord du Washington, en 1795, 1 vol............................... A. 9. 14
La Religion chrétienne méditée, 6 vol......... E. 12. 3
La Religion méditée, par l'abbé Rohrbacher, 2 vol.. E. 12. 4
La Religion, par Louis Racine, 1 vol.......... C. 12. 26
La Religion présentée au cœur, par Mlles Brun, 1 vol.. D. 2. 8
René ou véritable source du bonheur, 1 vol.. G. 4. 19
René ou véritable source du bonheur, 1 vol.. G. 6. 6

Réponses courtes et familières aux objections contre la religion, par l'abbé de Ségur, 1 vol.   D.   4.   6

Réséda, par Zénaïde Fleuriot, 1 vol.............   F.   3.   8

Retour à la foi, 1 vol.........................   D.   11.   8

Retour des Pyrénées, 1 vol...................   F.   4.   16

Retraite chrétienne sur les vérités du salut, 1 vol..   E.   10.   13

Retraite spirituelle, par le P. de la Colombière, 1 vol..   E.   3.   20

Retraite spirituelle, par Judde, 1 vol...........   E.   10.   14

Les **Révélations de sainte Brigitte**, 1 vol......   B.   3.   14

La **Révolution**, par Taine, 1 vol..............   H.   1.   57

Richard en Palestine, par W. Scott, 1 vol.....   H.   1.   60

La **Richesse des pauvres**, par Alfred des Essarts, 1 vol......   F.   5.   18

Rienzi et Rome à son époque, 1 vol...........   B.   6.   8

Robert ou souvenir d'une mère, par Mme Guermante, 1 vol...............................   G.   6.   7

Le **Robinson américain**, par F. Cooper, 1 vol..   I.   6.   24

Robinson suisse, par Weyss, 2 vol...........   G.   7.   2

Le **Rôdeur des frontières**, par G. Aymard, 1 vol.   H   1.   108

Roger-Bontemps, histoire d'un notaire et d'une tonne de poudre d'or, par Paul Féval, 1 vol.   B.   4.   26

Romain Halbris, par Malot, 1 vol..............   H.   1.   67

Rob-Roy, par W. Scott, 1 vol...................   G.   6.   15

Le **Roman d'un héritier**, par X. Marmier, 1 vol.   I.   6.   48

Rome chrétienne, par de la Gournerie, 2 vol....   F.   2.   8

Rome et Vendée, par Crétineau Joly, 1 vol.....   F.   5.   23

Mesdemoiselles du Ronceray, par Albéric Second, 1 vol..................................   D.   4.   70

Rosario, histoire espagnole, 1 vol..............   G.   6.   5

Rose et Lucie ou candeur et duplicité, par Mme de Sainte-Marie, 1 vol....................   G.   3.   19

Rose Mary, par Lady Fullerton, 1 vol..........   D.   5.   30

Les **Roses de la sagesse**, 1 vol................   G.   4.   7

Les **Roses de la sagesse**, 1 vol................   H.   4.   17

Robinson Crusoé, par Daniel de Foë, 2 vol....   B.   1.   37

Robinson de douze ans, par de Beaulieu, 1 vol.   B.   1.   66

La **Roche noire**, par Marie Maréchal, 1 vol....   F.   3.   31

Rolland Pied-de-Fer, par Paul Féval, 1 vol...   B.   4.   30

Le **Rosier**, par le chanoine Schmid, 1 vol.......   H.   1.   12

Route du bonheur, par l'abbé Carron, 1 vol... E. 1. 5
La **Route du ciel**, 1 vol...................... I. 4. 15
Rudolphe, ou l'enfant de bénédiction, par
   Marcel, 1 vol................................ G. 3. 18
Ruines religieuses de 1793, par l'abbé Delbos,
   2 vol....................................... A. 8. 20

S

Le **Sacrifice de l'autel**, par l'abbé Guillois, 1 vol I. 4. 6
La **Sagesse chrétienne**, par Arvisenet, 1 vol.... E. 11. 3
Du **Sacrement de mariage**, 1 vol............... E. 5. 34
Sacrifice de foi et d'amour, par P. Gourdan, 1
   vol....................................... E. 9. 9
Sacs et parchemins, par Sandeau, 1 vol........ H. 1. 102
Sainte Philomène, 1 vol..................... E. 1. 39
La **Salle d'asile au bord de la mer**, par Fourinet,
   1 vol..................................... H. 6. 9
Saint Jean Chrysostôme, évêque de Constanti-
   nople, 1 vol................................ B. 12. 18
Saint de chaque jour, par l'abbé Chapiat, 1 vol. C. 7. 30
Sainte de chaque jour, par le même, 1 vol..... C. 7. 31
Sainte Philomène, 1 vol.................... G. 1. 37
Le **Saint homme de Tours**, par Léon Aubineau,
   1 vol..................................... B. 1. 94
Saint Louis et son siècle, par le vicomte Valsh,
   1 vol .... A. 8. 3
Saint-Pierre de Rome et le Vatican, par le
   comte de Ravensberg, 1 vol... .... D. 9. 9
La **Sainte robe de Notre-Seigneur Jésus-
   Christ**, par Guérin, 1 vol................. A. 10. 20
Sainteté de la vie monastique, par P. de Rancé,
   1 vol..................................... E. 5. 6
Les Saints anges, 1 vol..................... E. 7. 15
Les Saints lieux, par Mgr Mislin, 1 vol........ F. 1. 1
La **Sainte Tunique**, 1 vol.................... A. 3. 11
La **Saison d'hiver à Paris**, par Duclos, 1 vol... C. 7. 12
Sans beauté, par Mlle Z. Fleuriot, 1 vol........ F. 3. 7
Sans famille, par Malot, 2 vol............... H. 1. 99
Sarah ou la suivante de la marquise, par R.
   de Montfournier, 1 vol..................... B. 4. 32

Le **Scapulaire de la Passion,** 1 vol.............	E.	2.	45
Scènes du bord et de la terre ferme, par le capitaine Basile Hall, 2 vol....................	B.	4.	44
Scènes et récits, par J. Grange, 1 vol..........	B.	1.	82
Science au village, par Rosary, 1 vol.........	D.	4.	22
Secret de la vieille demoiselle, par Emmeline Raymond, 2 vol...........................	F.	3.	36
Sentiments et pratiques de piété, 1 vol.......	E.	6.	16
Séraphine ou le catholicisme dans l'Amérique du Nord, 1 vol............................	G.	5.	25
Séraphine ou le catholicisme dans l'Amérique du Nord, 1 vol............................	G.	2.	30
Les **Sept paroles de Jésus-Christ sur la croix,** 1 vol.................................	E.	3	48
Sermons, par le P. Elisée, 4 vol...............	C.	7.	5
Sermons, par Mac Carty, 3 vol...............	C.	7.	3
Sermons choisis, par Fénelon, 1 vol..........	C.	10.	3
Sermons, par P. de la Rue...................	C.	7.	6
Sermons, par Lafiteau, 4 vol.................	C.	7.	19
Les **Serpents et les fleurs de la prairie,** par Aubert, 1 vol.............................	D.	4.	16
Serviteurs de Dieu, par Léon Aubineau, 2 vol.	C.	7.	34
La **Sibérie Orientale,** par Sachad, 1 vol........	C.	1.	15
Si j'avais mille écus, par Mme Bourdon, 1 vol.	D.	6.	20
Sidonie ou l'abus des talents, 1 vol..........	G.	6.	9
Silva, 1 vol................................	H.	14.	39
Simon de Nantua, par de Jussieu, 1 vol........	D.	6.	21
Les **Six jours,** 1 vol.........................	D.	1.	3
Spicilège de littérature, par Tertullien, 2 vol..	C.	12.	13
Société de Saint-Vincent de Paul, par de Margerie, 2 vol..............................	B.	4.	10
La **Sœur de Charité,** par Mlle Desves, 1 vol....	H.	6.	7
Sœur Nariskine, par Mme Craven, 1 vol.......	D.	5.	22
Sœur Rosalie, par le vicomte de Melun, 1 vol...	B.	1.	57
Les **Soirées artésiennes,** 1 vol...............	H.	2.	5
Soirées d'Automne, par Vaillant et de Limours, 1 vol...................................	G.	1.	8
Soirées de Carthage, par l'abbé Bourgade, 1 vol.	D.	12.	3
Une **Soirée en famille,** par la princesse de Craon, 1 vol.................................	H.	7.	21
Soirées d'hiver, par Depping, 2 vol............	H.	5.	7

Soirées de l'ouvrier, par Violeau, 1 vol........ H. 5. 3
Soirées de l'ouvrier, par Violeau, 1 vol. *bis*.... I. 5. 1 *bis*
Les **Soirées de Montlhéry**, par Desdouits, 1 vol. D. 12. 2
Les **Soirées du père de famille**, par Champagnac, 1 vol.................................... H. 5. 2
Soirées de **Saint-Pétersbourg**, par Joseph de Maistre 2 vol................................. C. 5. 12
Les **Soirées villageoises**, par d'Exauvillez, 1 vol. H. 2. 8
La **Solide vertu**, par Bellecius, 1 vol........... E. 11. 7
Soliloques, par saint Augustin, 1 vol.......... C. 12. 20
Les **Solitaires d'Isola-Doma**, 1 vol............ C. 5. 33
Solution de grands problèmes, 2 vol.......... D. 8. 14
Somme contre les gentils, par saint Thomas d'Aquin, 1 vol..................... .... D. 8. 22
Souffrances et consolations, par Mme Tarbé des Sablons, 1 vol................................ E. 3. 24
Souffrances de Jésus-Christ, par le P. Alleaume, 2 vol... E. 9. 5
Soupirs et pratiques d'un cœur chrétien, 1 vol. E. 10. 5
Source du vrai bonheur, 2 vol................. E. 1. 15
Souvenirs d'un amiral, par Jurien de la Gravière, 2 vol.................................... B. 1. 47
Souvenirs d'un aumônier militaire, par l'abbé Sève, 1 vol.... .... H. 3. 5
Souvenirs d'une douairière, 1 vol............. F. 5. 6
Les **Souvenirs de l'amitié ou vie du P. Arondineau**, 1 vol.................................. H. 6. 5
Souvenirs d'Angleterre, par Robert, 1 vol.... D. 9. 14
Souvenirs des conférences de sainte Valère, 2 vol... C. 7. 7
Souvenirs de la congrégation de Notre-Dame, (Oiseaux)..................................... B. 7. 25
Souvenir du ciel dans le gouvernement de la terre, par Guillemin, 1 vol.... .... C. 12. 5
Souvenirs de Crimée, par le P. de Damas, 1 vol. H. 5. 12
Souvenirs et exemples, par Mgr Chalandon, 1 vol. H. 7. 7
Souvenirs de l'Eglise d'Afrique, 1 vol......... C. 7. 21
Souvenirs des forts de l'Est, par J. Bonhomme, 1 vol... B. 1. 80
Souvenirs d'une institutrice, par Mathilde Froment, 1 vol.................................. H. 4. 23

Souvenirs de jeunesse, par le P. Gratry, 1 vol. C. 6. 35
Souvenirs d'Italie, 1 vol. F. 4. 6
Souvenirs d'un missionnaire en Cochinchine, par l'abbé Dourisboure, 1 vol. D. 4. 30
Souvenirs de la mobile, par A. Rendu, 1 vol. B. 1. 79
Souvenirs d'un otage, par l'abbé Lamazou, 1 vol. B. 1. 72
Souvenirs du petit séminaire Saint-Acheul, par Forcalquier, 1 vol. B. 7. 24
Souvenirs d'un Sibérien, par Rouñn Piétronski, 1 vol. I. 6. 28
Souvenirs d'un voyage en Chine, par l'abbé Huc, 2 vol. F. 2. 5
Souvenirs de la Sicile, par le comte de Forbin, 1 vol. F. 2. 3
Statistique religieuse du diocèse de Paris, par Darboy, 1 vol. C. 5. 6
Stéphane et Félicie, considérations sur les sacrements, 1 vol. G. 6. 31
Les Stigmatisés du Tyrol, 1 vol. B. 7. 26
Suites funestes de la lecture des mauvais livres, 1 vol. D. 2. 12
Sylvie ou correspondance d'une jeune personne, par l'abbé Crépo, 1 vol. G. 5. 7
Sylvie ou correspondance d'une jeune personne, par l'abbé Crépo, 1 vol. G. 6. 20

T

Tableau historique de la destruction du paganisme, par Maxime de Montrond, 1 vol. D. 10. 2
Tableau des fêtes chrétiennes, par le vicomte Walsh, 1 vol. D. 7. 5
Tébaldo ou le triomphe de la charité, 1 vol. G. 1. 14
Télémaque, par Fénelon, 1 vol. C. 12. 30
Télémaque, par Fénelon, 1 vol. C. 12. 29
La Tendresse maternelle, par Mme de Sainte-Marie, 1 vol. H. 1. 17
Le Temps de la septuagésime, par Dom Guéranger, 1 vol. D. 7. 9
De la Terre à la lune, par Jules Verne, 1 vol. A. 4. 6

De la **Terre à la lune**, par Jules Verne, 1 vol... D. 4. 33
La **Terreur**, par Guénot. 1 vol.................. H. 1. 58
Thaïs ou le monde et la solitude, par l'abbé
    Didon, 1 vol.............................. G. 3. 6
La **Thébaïde chrétienne ou saint Antoine le
    Grand**, 1 vol............................. B. 12. 12
Théâtre des maisons d'éducation, 1 vol....... H. 7. 6
Théodule, ou l'enfant de bénédiction, par le P.
    Marin, 1 vol.............................. G. 2. 31
Théodule ou l'enfant de bénédiction, par le P.
    Marin, 1 vol.............................. G. 3. 20
Théodule, ou l'ami des malheureux, par Mme
    Farrenc .... G. 6. 16
Théologie dogmatique et morale, par l'abbé
    Guillois, 4 vol........................... D. 5. 15
Théologie du jeune chrétien, par le cardinal
    Bellarmin, 1 vol.......................... D. 5. 17
Théologie à l'usage des gens du monde, par
    Sainte-Foi, 3 vol......................... D. 5. 16
La **Théorie du bonheur**, 1 vol................. C. 5. 25
Thérèse ou la pieuse ouvrière, 1 vol......... G. 3. 21
Thermidor, par d'Héricault, 1 vol............ H. 1. 86
Témoignages et souvenirs, par le comte A. de
    Ségur, 1 vol.............................. E. 5. 12
Testament d'un bon père à ses enfants, 1 vol. E. 3. 38
La **Tombe de fer**, par H. Conscience, 1 vol.... B. 1. 13
La **Toscane et Rome**, par Poujoulat........... F. 2. 9
La **Tour d'Auvergne**, par Gœnig, 1 vol........ D. 4. 23
Le **Tour du monde en 80 jours**, par Jules
    Verne, 1 vol............................. A. 4. 21
Tout pour Jésus, par le P. Fabert, 1 vol....... E. 9. 1
Traité contre l'amour des parures, 1 vol...... C. 2. 6
La **Trappe mieux connue**, 1 vol.............. E. 5. 3
Les **Trappistes**, par Gaillardin, 2 vol.......... A. 12. 8
Traité de l'amour de Dieu, par saint François
    de Sales, 2 vol........................... E. 14. 5
**Traité de la confiance en la miséricorde de
    Dieu**, 1 vol............................. E. 6. 22
**Traité contre la danse et les chansons mau-
    vaises**, 1 vol............................ C. 5. 21
Traité de l'existence de Dieu, par Fénelon, 1 vol. C. 10. 2

Traité de la confiance en la miséricorde de Dieu, par Mgr de Soissons, 1 vol.............	E.	3.	25
Traité de la flatterie et de la médisance, 1 vol	E.	6.	20
Traité de l'obéissance, par Tronson, 1 vol.....	E.	7.	11
Traité de l'espérance chrétienne, 1 vol.......	E.	6.	23
Traité de minéralogie, par Lucas, 2 vol......	H.	14.	5
Traité de la paix intérieure, par le P. Lombez, 1 vol......................................	E.	3.	29
Traité de la paix intérieure, par le P. Lombez, 1 vol......................................	E.	6.	19
Traité des petites vertus, par le P. Roberti, 1 vol......................................	E.	1.	35
Traité de la joie de l'âme chrétienne, par le P. Lombez, 1 vol................................	E.	3.	17
Traité de la différence du temps et de l'éternité, par P. Méremberg, 1 vol...............	E.	3.	33
Traits édifiants, 1 vol.......................	A.	5.	5
Travail et industrie ou le pouvoir de la volonté, par Champagnac, 1 vol...............	H.	5.	4
Les **Travailleurs**, épisode de la révolution de **1848**, par Devoille, 1 vol....................	H.	6.	6
Trésor du chrétien, par l'abbé Champion, 3 vol.	E.	10.	8
Trésor de la grâce et imitation de saint Joseph, 1 vol...............................	I.	4.	10
Trésor de patience, par l'abbé Jamet, 1 vol....	E.	9.	19
Le **Trésor des familles chrétiennes**, par Mme de Beaumont, 1 vol............................	H.	7.	9
Le **Trésor des voyages**, 1 vol.................	F.	4.	38
Le **Trésor du souterrain**, par Jean Grange, 1 vol......................................	I.	6.	16
Tribulations d'un Chinois en Chine, par Jules Verne, 1 vol................................	A.	4.	19
Le **Triomphe de la piété filiale**, 1 vol........	H.	5.	22
Le **Triomphe de Jésus-Christ dans une âme chrétienne**, 1 vol............................	B.	8.	32
Le **Triomphe de Jésus-Christ dans le désert**, 1 vol......................................	E.	2.	27
Triomphe de l'Eglise, Poëme par l'abbé Reculé......................................	C.	12.	10
Triomphe du christianisme sur la barbarie, 1 vol......................................	A.	3.	8

Triomphe de l'Evangile ou **Mémoires** d'un homme du monde, 4 vol. .... D. 11. 7
Triomphe de Louis **XVI**, Poëme héroïque, par Lescure, 1 vol. .... H. 14. 8
Les **Trois** potiers célèbres, par Jouveaux 1 vol F. 3. 46
Les **Trois** Romes, par l'abbé Gaume, 4 vol...... F. 2. 4
Le **Tueur** de daims, par F. Cooper, 1 vol....... I. 6. 23
Le **Tueur** de lions, par J. Gérard, 1 vol....... B. 7. 6
La **Tulipe** noire, par A. Dumas, 1 vol......... I. 6. 32
Les **Tuteurs** d'Odette, par Etienne Marcel, 1 vol. F... 5. 20

U

Ulric et le jeune Comarmond, par d'Exauvillez, 1 vol. .... I. 2. 12
Ulric ou le triomphe de la confession, par le même, 1 vol. .... G. 3. 22
Une année de la vie d'une femme, par Zénaïde Fleuriot, 1 vol. .... F. 3. 25
L'**Unique** chose nécessaire, par le P. de Géramb, 1 vol. .... E. 10. 15

V

Un **Vaincu**, par M. Boissonnas, 1 vol........ I. 6. 21
Valentine de Rohan, par P. Féval, 1 vol....... D. 4. 68
Valentine ou l'ascendant de la vertu, 1 vol... G. 6. 21
Valentine Guillois, par G. Aymard, 1 vol...... H. 1. 107
Valentin ou l'ascendant de la vertu, 1 vol.... G. 4. 41
La **Vallée** d'Alméria, 1 vol................. H. 1. 10
Variétés instructives et morales, 1 vol........ H. 2. 1
La **Veille** de Noël, par le chanoine Schmid, 1 vol. H. 2. 12
La **Veille** de Noël, par le chanoine Schmid, 1 vol. H. 6. 19
Les **Veillées** amusantes, 1 vol................ H. 1. 1
Les **Veillées** de chasse, par Mayne Reid, 1 vol. H. 1. 44
Les **Veillées** de voyage, par le vicomte Walsh, 1 vol. .... F. 2. 15
Les **Veillées** du château, par Devoille, 2 vol... H. 5. 9
Les **Veillées** d'une mère de famille, par Mme Manceau, 1 vol. .... H. 7. 19

Les **Veillées de saint Augustin**, 1 vol.	C.	12.	19
Le **Verbe incarné**, 1 vol.	E.	7.	3
Le **Véritable** esprit du jubilé, par Mgr Dupanloup, 1 vol.	H.	14.	24
Le **Véritable** esprit de l'Eglise, par l'abbé Landriot, 1 vol.	C.	5.	16
La **Véritable** morale en action	A.	5.	2
La **Vérité** de la religion prouvée par ses miraculeux établissements, 1 vol.	D.	4.	7
La **Vérité** sur les congrégations religieuses, par M. de Ségur, 1 vol.	B.	1.	26
La **Vérité** sur l'évènement de la Salette, 1 vol.	E.	8.	29
Vertu et piété, par l'abbé Carron, 1 vol.	H.	4.	
La **Vertu** parée de tous ses charmes, par l'abbé Carron, 1 vol.	E.	1.	
Vertus chrétiennes, par la princesse de Broglie, 2 vol.	F.	3.	50
Vertus de Marie, par saint Liguori, 1 vol.	E.	6.	3
Vertus de Marie, par saint Liguori, 1 vol.	E.	8.	13
Vie d'Armelle Nicolas, 1 vol.	B.	7.	22
Vie de Anna-Maria Taïgi	B.	8.	14
Vie de Bourbon Condé, 3 vol.	B.	6.	23
Vie de Claude Bernard, 1 vol.	I.	2.	11
Vie de Clément XIV, 1 vol.	B.	5.	37
Vie de dom Barthélemy des martyrs, 1 vol.	B.	8.	26
Vie de Duquesne, 1 vol.	B.	1.	70
Vie de Fanny, 1 vol.	G.	2.	13
Vie de Fanny ou tout pour la première communion, 1 vol.	B.	2.	15
Vie de Germaine Cousin, 1 vol.	B.	3.	9
Vie de Jean-Baptiste de la Salle, l'ami de l'enfance, 1 vol.	B.	3.	12
Vie de Jean-Baptiste de la Salle, l'ami de l'enfance, 1 vol.	B.	10.	22
Vie de Jean-Baptiste de la Salle, l'ami de l'enfance, 1 vol.	I.	2.	6
Vie de Jean Bart, 1 vol.	B.	1.	2
Vie de Jean Berchmans, 1 vol.	B.	3.	6
Vie de Jean d'Araton, évêque de Genève, 1 vol.	B.	8.	3
Vie de Jean-Joseph Allemand, 1 vol.	B.	6.	2

Vie de Jeanne d'Arc, par Clément, 1 vol	H.	14.	42
Vie de Joseph Jame, 1 vol	B.	8.	29
Vie de l'abbé Chopart, missionnaire, 1 vol	B.	8.	31
Vie de l'abbé Gagelin, missionnaire et martyr, 1 vol	B.	7.	21
Vie de l'abbé Malleste, 1 vol	B.	8.	28
Vie de l'abbé Marchand, missionnaire et martyr, 1 vol	B.	7.	19
Vie de l'abbé Musat, mort à Reims pour la foi en 1796, 1 vol	B.	7.	20
Vie de l'abbé Nicolle, par l'abbé Frappaz, 1 vol	B.	8.	27
Vie de l'abbé Nicolle et de deux chanceliers d'Angleterre, par l'abbé Frappaz, 1 vol	I.	6.	6
Vie de la bienheureuse Marianne de Jésus, par P. de Regnault, 1 vol	I.	6.	7
Vie de l'abbé Nicolle et quelques mots sur les Jésuites, par l'abbé Frappaz, 1 vol	I.	6.	8
Vie de la bienheureuse Marie de l'Incarnation, 2 vol	B.	10.	8
Vie de la mère de Blonay, 1 vol	B.	8.	18
Vie de la mère de Changy, religieuse de la Visitation, 2 vol	B.	7.	17
Vie de la mère Emilie, 1 vol	B.	8.	17
Vie de la Sainte-Vierge, par Cath. Emmerich, 1 vol	E.	8.	9
Vie de la Sainte-Vierge méditée par le père Alvarez de Paz, 1 vol	E.	8.	12
Vie de la Vénérable Anne-Marguerite Clement, 1 vol	B.	8.	2
Vie de la Vénérable Jeanne-Marie Chézard, 1 vol	B.	8.	4
Vie de Louise-Adélaïde de Bourbon-Condé, 2 vol	B.	6.	12
Vie de Louise des Fontaines, 1 vol	B.	8.	16
Vie de Louise-Euphrasie Guibout, 1 vol	B.	7.	18
Vie de Louis Stefanelli, 1 vol	B.	8.	36
Vie de Madame de Chantal, 6 vol	B.	11.	23
Vie de Madame de Méjanes, 1 vol	B.	8.	5
Vie de Madame d'Youville, 1 vol	B.	6.	9
Vie de Madame Isabelle, 1 vol	B.	8.	13

Vie de Madame Louise de France, 2 vol......	B.	8.	9
Vie de Mademoiselle de Melun, 1 vol........	B.	8.	10
Vie de Marie de Sainte-Victoire Houète, 1 vol..	B.	8.	20
Vie de Marie Leczinska, par l'abbé Proyard, 1 vol..	B.	8.	7
Vie de Marie Leczinska et de Louis XVII, 1 vol.	I.	2.	5
Vie de M. de Frayssinous, 2 vol..............	B.	6.	15
Vie de M. Plier, 1 vol......................	B.	6.	22
Vie de Mgr Borie, martyr en Cochinchine, 1 vol..	B.	7.	28
Vie de Mgr de Quélen, par le baron Henrion, 1 vol...	B.	6.	17
Vie de Mgr Flaget, évêque de Bardtown, 1 vol...	B.	6.	7
Vie de Pauline de Saint-André, 1 vol.......	B.	8.	19
Vie de Pierre Fourrier, 1 vol................	B.	8.	23
Vie de saint Antoine, Père du désert, 1 vol..	B.	11.	4
Vie de saint Athanase-le-Grand, 3 vol........	B.	12.	7
Vie de saint Benoît le Maure, par Mgr Luquet, 1 vol..	B.	11.	14
Vie de saint Bernard et du P. Eudes, 1 vol...	I.	2.	4
Vie de saint Dominique, 1 vol...............	B.	11.	8
Vie de sainte Adélaïde, 1 vol...............	B.	3.	8
Vie de sainte Angèle de Foligno, 1 vol.......	B.	11.	28
Vie de sainte Agnès, 1 vol..................	B.	11.	22
Vie de sainte Brigitte de Suède, par une religieuse de l'Adoration perpétuelle, 2 vol........	B.	4.	34
Vie de sainte Catherine de Bologne, 1 vol....	B.	11.	26
Vie de sainte Catherine de Gênes, 1 vol.......	B.	11.	25
Vie de sainte Catherine de Sienne, 1 vol......	B.	11.	24
Vie de sainte Catherine de Sienne, 2 vol......	B.	12.	19
Vie de sainte Claire, 1 vol.................	B.	11.	30
Vie de sainte Clotilde, 2 vol...............	B.	11.	29
Vie de sainte Françoise des Séraphins, 1 vol.	B.	11.	31
Vie de sainte Françoise Romaine, 1 vol......	B.	11.	34
Vie de sainte Geneviève, 1 vol.............	B.	3.	3
Vie de sainte Geneviève, 1 vol.............	B.	12.	6
Vie de saint Éloi, 1 vol....................	B.	12.	5
Vie de sainte Madeleine de Pazzi, 1 vol......	B.	10.	16
Vie de sainte Rose de Lima, 1 vol............	B.	3.	7

Vie de sainte Thérèse, par l'abbé Leboucher, 2 vol. .... B. 10. 13
Vie de sainte Thérèse, par le P. Bouix, 2 vol... B. 13. 2
Vie de sainte Thérèse, par l'abbé Leboucher, 2 vol. B. 13. 3
Vie de sainte Zita, servante, 1 vol. .... B. 10. 18
Vie de saint Ferdinand, roi de Castille, 1 vol. B. 11. 19
Vie de saint François Borgia, 2 vol. .... B. 11. 13
Vie de saint François d'Assise, 3 vol. .... B. 11. 3
Vie de saint François de Sales, 2 vol. .... B. 11. 9
Vie de saint François de Sales, 1 vol. .... B. 12 24
Vie de saint François de Sales, 3 vol. .... B. 11. 33
Vie de saint François de Sales, 2 vol. .... B. 12. 25
Vie de saint François de Sales et de F. d'Amboise, 1 vol. .... I. 2. 3
Vie de saint François Régis, 1 vol. .... B. 11. 5
Vie de saint François Xavier, par le P. Bouhours, 5 vol .... B. 11. 7
Vie de saint François Xavier et des justes dans la profession des armes, par le P. Bouhours, 5 vol. .... I. 2. 9
Vie de saint Ignace de Loyola, 1 vol. .... B. 11. 6
Vie de saint Jean de la Croix, 1 vol. .... B. 11. 35
Vie de saint Jean Népomucène, 1 vol. .... B. 3. 11
Vie de saint Joseph, par Tarbé, 1 vol. .... B. 3. 2
Vie de saint Liguori, 1 vol. .... B. 10. 7
Vie de saint Liguori, 1 vol. .... B. 12. 23
Vie de saint Louis Bertrand .... B. 10. 20
Vie de saint Martin de Tours, 1 vol. .... B. 12. 1
Vie de saint Vincent de Paul, 1 vol. .... B. 10. 1
Vie de saint Vincent de Paul, par Abelly, 5 vol. B. 10 2 et 3
Vie de saint Philibert, 1 vol. .... B. 11. 17
Vie des grands capitaines, par Mazas, 5 vol... B. 6. 10
Vie des premières religieuses de la Visitation, 2 vol. .... B. 6. 11
La Vie des Stephenson, par Simyles, 1 vol. .... D. 4. 39
Vie et révélations de la vierge Marguerite Marie, 1 vol. .... B. 10. 11
Vie des saints, 1 vol. .... I. 2. 1
Vie des saints de Paris, 1 vol. .... B. 9. 7
Vie des saints du diocèse de Cambrai, par l'abbé Destombes, 4 vol. .... H. 14. 16

Vie de **Thomas Morus**, 2 vol.............	B.	5.	28
Vie de **Victoire de Galard**, par Terraube, 1 vol.	B.	8.	37
Vie de **Voltaire**, 1 vol.........................	B.	5.	27
Vie **dévote**, par saint François de Sales, 1 vol..	E.	2.	50
Vie du **bienheureux André Bobola**, 1 vol.....	B.	8.	38
Vie du **bienheureux Suzo**, 1 vol.............	B.	11.	32
Vie du **cardinal de Cheverus**, 1 vol.....	B.	5.	19
Vie du **cardinal**, par P. Giraud, 1 vol..	B.	6.	14
Vie du comte **Rostopchine**, par le comte A. de Ségur, 1 vol.....................................	F.	5.	12
Vie du **curé d'Ars**, par Darche, 1 vol.........	D.	6.	2
Vie du **Dauphin**, par l'abbé Proyard, 1 vol....	B.	5.	41
La **Vie d'un bon prêtre**, 1 vol...........	B.	8.	30
Vie du **pape Pie V**, par F. Feuillet, 1 vol.... .	B.	13.	20
Vie du **P. Bridaine**, 1 vol.....................	B.	7.	16
Vie du **P. Claver**, apôtre des Indes occidentales, 1 vol.............................	B.	3.	1
Vie du **P. Jean Eudes**, 1 vol.................	B.	8.	24
Vie du **R. P. Antoine**, abbé de la Trappe, 1 vol....,.......................................	B.	6.	13
Vie du **R. P. Lacordaire**, par le P. Chocarne, 1 vol...	H.	1.	89
Vie du **R. P. Potot**, 1 vol.....................	B.	8.	21
Vie du **V. B. Labre**, 1 vol.....................	B.	10.	17
Vie du **vénérable Grignon de Montfort**, 1 vol.................................	B.	2.	17
La **Vierge**, histoire de la Mère de Dieu, par l'abbé Orsini, 1 vol..............................	E.	8.	5
La **Vierge Marie** et le plan divin, par Nicolas, 2 vol...	E.	8.	4
Les **Vierges stygmatisées** du Tyrol, 1 vol.....	B.	8.	33
Vies choisies des pères des déserts d'Orient, 1 vol...	B.	9.	3
Vies de Claude Bernard et de saint Bernard.	I.	2.	8
Vies de la sainte Vierge et de saint Joseph, par Collin de Plancy, 1 vol..............	E.	8.	10
Vies de Louis de Sales et de saint François Xavier, par P. Buffier, 1 vol...............	I.	2.	14
Vie de **Mgr de Renty** et de Benoît Labre, 1 vol.	I.	2.	27
Vies de saint Louis de Gonzague et de saint Stanislas Kotska, 2 vol..................	B.	3.	5

Vies de saint Louis de Gonzague et de saint Stanislas Kotska, 2 vol........ .... B. 10. 12

Vies de saint Bernard, saint Dominique, saint Bruno et saint Benoît, 1 vol......... B. 11. 2

Vies de saint Loup, de saint Jean Chrysostôme et de saint Siméon Stylite, 1 vol....... B. 10. 19

Vies des dames françaises les plus célèbres par leur piété, 1 vol..................... B. 2. 6

Vies des justes dans la magistrature, 1 vol... B. 6. 21

Vies des justes dans la magistrature, 1 vol... B. 7. 9

Vies des justes dans les conditions ordinaires, par l'abbé Carron, 1 vol................ I. 2. 10

Vies des justes dans les conditions ordinaires, par l'abbé Carron, 1 vol................ B. 7. 11

Vies des justes dans les plus humbles conditions, 1 vol.............................. B. 2. 1

Vies des justes dans l'état du mariage, 2 vol. B. 7. 12

Vies des justes parmi les filles chrétiennes. B. 7. 10

Vies des Pères des déserts d'Orient, par Michel-Ange Marin, 10 vol...................... B. 9. 1

Vie des saints, par Godescart, 10 vol......... .. B. 12. 10

Vies des saints canonisés le 26 mai 1839, 1 vol. B. 9. 5

Vies des saints Paul Hermite, Hilarion et Malchus, par saint Jérôme, 1 vol............. B. 12. 3

Vies des saints pour tous les jours de l'année, 5 vol................................. B. 9. 6

Vie des saints pour tous les jours de l'année, 5 vol................................... B. 9. 6

Vie divine de la Sainte-Vierge, par P. de Césare, 1 vol................................ E. 8. 8

Wilfrid ou la prière d'une mère, par Lemercier, 1 vol................................ G. 3. 12

Wilhem ou le pardon du chrétien, 1 vol...... G. 3. 34

Une **Ville flottante**, par Jules Verne, 1 vol..... A. 4. 15

Vingt mille lieues sous les mers, par Jules Verne, 2 vol............................... A. 4. 10

Virginie ou la vierge chrétienne (histoire sicilienne), 2 vol............................. B. 7. 13

Visnelada ou le christianisme dans les Gaules. G. 6. 22

Visites au Saint-Sacrement, par saint Liguori, 1 vol.................................... E. 3. 45

Vœu de haine, par E. Capendu, 1 vol............. H.   1. 28
Voie du salut, par l'abbé Asselin, 1 vol........ E.   5. 23
La **Voie qui mène à Dieu**, par saint Bonaventure, 1 vol..................................... E.   1. 24
Voie sanctifiante, 1 vol .... E.   1. 37
Voltaire apologiste de la religion chrétienne, par Mérault, 1 vol............................ D. 13. 11
Voyage à Hippone, 1 vol..................... B. 11. 10
Voyage à la Trappe, 1 vol.................... I.   3.   3
Voyage à Madagascar, par Mme Pfeiffer, 1 vol. H.   1. 94
Voyage au centre de la terre, par Jules Verne, 1 vol................................... A.   4. 12
Voyage autour du monde (Pékin, Yeddo, Australie, Java, Siam, Canton), par Roger de Beauvoir, 3 vol............................. B.   1. 44
Voyages autour du monde, 1 vol.............. F.   4. 14
Voyage au Soudan, par de Launay, 1 vol....... D.   4. 42
Voyage aux montagnes rocheuses, par P. Sinet, 1 vol..................................... E.   4.   7
Voyage dans l'Asie méridionale, par Garnier, 1 vol..................................... F.   4.   8
Voyage dans les déserts du Nouveau Monde, par l'abbé Domenech, 1 vol.................... C.   1.   9
Voyage de la Trappe à Rome, par P. de Géramb, 1 vol................................. F.   2. 13
Voyage d'un catholique autour de sa chambre, par Gautier, 1 vol.................... C.   7. 24
Voyage d'une femme autour du monde, par Pfeiffer, 1 vol................................ H.   1. 93
Voyage d'un gentilhomme irlandais à la recherche d'une religion, 1 vol............... D.   8. 17
Voyage en Océanie, par Hubalski, 1 vol....... F.   4.   1
Voyage en Orient, par le capitaine Lobez, 1 vol. G.   5. 29
Voyage en Suisse, par Marmier, 1 vol......... C.   1. 12
Voyage pittoresque en Allemagne, par Marmier, 1 vol................................... C.   1. 11
Voyageurs du XIXe siècle (histoire des grands voyages), par Jules Verne, 1 vol...... A.   4.   8
Voyage au pôle nord, par Lebrun, 1 vol....... E.   4. 11
Voyages aux Pyrénées, 1 vol.................. F.   4. 15
Voyages en Abyssinie et en Nubie, par Lebrun F.   4. 25

Voyage en Orient, par Poujoulat, 1 vol........	F.	4.	12
Voyage en Perse, par Garnier, 1 vol..........	F.	4.	41
Voyages et aventures de Christophe Colomb, par Merruau, 1 vol...................	F.	4.	2
Voyages et aventures de Lapeyrouse, par Valentin..........	F.	4.	24
Voyages et aventures en Irlande, 1 vol.......	A.	4.	27
Voyages et aventures en Irlande, par l'abbé Domenech, 1 vol...........	A.	4.	27
Voyages et découvertes dans l'Afrique, par Lebrun, 1 vol...........	F.	4.	27
Voyages slaves, par Cyrille, 1 vol........	C.	6.	30
Voyages sur la mer du monde, 1 vol........ ..	I.	6.	11
Voyages sur les bords du Rhin, par le baron Mengin............,	F.	4.	35
Vraie et solide piété, par saint François de Sales, 1 vol...........	E.	11.	8
Vraie et solide piété, par saint François de Sales, 1 vol...........	E.	14.	6
Vraie sagesse, 1 vol...........	E.	1.	29
Vrais entretiens spirituels de saint François de Sales, 1 vol...........	E.	3.	49
Les **Vrais principes sur la prédication**, par l'abbé Vetu, 2 vol...........	C.	11.	6
Woodstock ou le cavalier, par Walter Scott, 1 vol...........	G.	5.	2

Y

Yvonne de Cathmorvan, par Zénaïde Fleuriot, 1 vol...........	F.	3.	17
Les **Youlofi**, histoire d'un prêtre et d'un soldat chez les nègres, par de Prés, 1 vol......	G.	5.	15

Z

Zeno Cabral, par Gustave Aymard, 1 vol.......	H.	1.	103
Zoophiles ou recueil de faits anecdotiques sur les animaux, 1 vol...........	C.	4.	7

Paris-Auteuil. — Imp. des Apprentis-Orph. — Roussel, 40, rue La Fontaine.

www.ingramcontent.com/pod-product-compliance
Lightning Source LLC
LaVergne TN
LVHW021135200726
843510LV00001B/102